高校优秀青年人才支持项目（gxyq2022051）；安徽省社会科学创新发展研究课题（2019cx089）；安徽省教育厅重点项目（SK2021－A0478）；安徽科技学院重点研究项目（2021rwzd04）

U0737138

基于资源诅咒视角的不同森林资源丰裕区相对贫困问题研究

刘宗飞　著

合肥工业大学出版社

图书在版编目(CIP)数据

基于资源诅咒视角的不同森林资源丰裕区相对贫困问题研究/刘宗飞著. —合肥:合肥工业大学出版社,2023.8

ISBN 978-7-5650-6393-0

Ⅰ.①基… Ⅱ.①刘… Ⅲ.①森林资源—关系—贫困区—研究—中国
Ⅳ.①F326.2②F127

中国国家版本馆 CIP 数据核字(2023)第 135430 号

基于资源诅咒视角的不同森林资源丰裕区相对贫困问题研究

刘宗飞 著　　　　　策　划　汤礼广　　　　　责任编辑　马成勋

出　版	合肥工业大学出版社	版　次	2023 年 8 月第 1 版
地　址	合肥市屯溪路 193 号	印　次	2023 年 8 月第 1 次印刷
邮　编	230009	开　本	787 毫米×1092 毫米　1/16
电　话	理工图书出版中心:15555129192	印　张	9.25
	营销与储运管理中心:0551-62903198	字　数	214 千字
网　址	press.hfut.edu.cn	印　刷	安徽昶颉包装印务有限责任公司
E-mail	hfutpress@163.com	发　行	全国新华书店

ISBN 978-7-5650-6393-0　　　　　　　　　定价:38.00 元

如果有影响阅读的印装质量问题,请与出版社营销与储运管理中心联系调换。

前　言

　　党的十八大以来，经过全党全国各族人民共同努力，我国脱贫攻坚战取得了全面胜利。2021年，现行标准下的9899万农村贫困人口全部脱贫，832个贫困县全部摘帽，12.8万个贫困村全部出列，区域性整体贫困得到解决，完成了消除绝对贫困的艰巨任务，创造了又一个彪炳史册的人间奇迹！

　　新时期，我国的主要矛盾已经转化为人民日益增长的美好生活需要与不平衡不充分的发展之间的矛盾。林业是我国农村地区的重要产业，在改善生态环境和提高林农生活水平的过程中发挥着无可替代的作用，在我国政府对"三农"问题高度重视的大环境下，林业、林区、林农问题也得到了国家及社会更多的关注。然而，不同森林资源丰裕区其经济发展水平和区域贫困结构均存在较明显的不均衡性。

　　在绝对贫困业已消除的当下，相对贫困问题逐渐成为区域贫困变动的新趋势，目前对森林资源丰裕区相对贫困的识别及其特征的研究依然不够。

　　森林资源丰裕区相对贫困状况的变化主要受两个方面的影响：一是受我国宏观经济发展的影响。随着我国经济持续增长，在过去30年间，我国的绝对贫困率下降了近30个百分点，然而伴随着绝对贫困率的下降，中国的收入差距也在逐渐拉大，在这种宏观经济的作用下，森林资源丰裕区的贫困结构不可避免的会发生相应变化。二是森林资源丰裕区相对贫困状况会受林业重点工程实施的影响。自1998年长江、松花江等流域发生特大洪灾后，我国陆续实施了天然林资源保护工程、退耕还林工程、三北及长江中下游地区防护林工程、野生动植物与自然保护区工程、京津风沙源治理工程和速生丰产用材林基地建设工程等六大林业重点工程。各林业重点工程项目采取了补贴、限制采伐、禁止利用等多种措施，这些林业措施对林区的社会经济影响复杂多样，既有正面与积极的影响，也存在负面与消极的影响。大量研究都说明林业重点工程通过政策的实施，对林区整体财政、林农收入以及生产生活产生了巨大的影响；同时，各林业重点工程的财政补贴又直接影响了区域内居民的收入结构，而这种影响又会引起林区贫困结构的连锁变化。

　　本书在明确界定区域相对贫困以及森林资源丰裕度定义的基础之上，对区域经济发展理论、资源经济理论以及相对贫困理论进行了归纳和梳理，利用空间计量模型，多元面板模型以及联立方程等方法从资源诅咒视角出发，对不同森林资源丰裕区相对贫困问题进行了分析和研究。在利用森林资源丰裕度指数进行区域划分的基础上，首先从相对贫困的发生广度、深度及综合指数三个层面对不同森林资源丰裕区相对贫困进行了描述性分析；进而依托相对贫困理论的分解，分别考察不同森林资源丰裕区相对贫困的经济增长因素以及收入分配因素,并观测森林资源在这一系列过程中所扮演的角色,考察森林资源是否存在资源诅咒;最后,通过对不同森林资源丰裕区相对贫困模型、相对贫困经济增长模型及相对贫困收入分配模型进行联立分析,对区域相对贫困的传导路径进行了模拟,并据此提出了缓解不同森林资源丰裕区相对贫困的措施和建议。

向为本书的编写和出版提供指导、支持的西北农林科技大学姚顺波教授、国家林业局刘璨老师、安徽大学田淑英教授等表示诚挚谢意,同时感谢父母和妻子刘晓伟一直以来对我的无私照顾、宽容和理解。

尽管本书对不同森林资源丰裕区相对贫困传导路径进行了实证分析和探索,但由于时间仓促且能力有限,错误之处在所难免,敬请广大读者批评指正。

编　者

2023.7

目　　录

第一章 导 论

1.1 研究背景

1.1.1 森林资源丰裕区贫困状况依然严重

林业是我国农村地区的重要产业,在改善生态环境和提高林农生活水平的过程中发挥着无可替代的作用,在我国政府对"三农"问题高度重视的大环境下,林业、林区、林农问题也得到了国家及社会更多的关注(贾治邦,2007)。据世界银行 2009 年报告,中国目前仍有上千万的人处于贫困线以下,而这其中有很大的比例位于森林资源丰裕区(World Bank,2009)。为了解决贫困问题,我国政府于 1994 年开始实施了"八七扶贫攻坚计划",确定了全国范围内 592 个贫困县,并制定了相对的支持性政策和相关激励措施来提升林业相关的现金收入(Ruiz-Perezetal,1996;Wang,Li,Ren,2004;World Bank,2009)。然而,当前我国森林资源丰裕区贫困问题依然严重(ADB,2008;Katsigris et al,2010;World Bank,2005),李周等人于 1998 年对国内森林资源丰富的县(同时满足森林覆盖率大于30%;人均森林面积大于 0.33hm²,人均蓄积不小于 10m³,全国共 302 个森林资源丰富县,其中 95 个为贫困县)和国家公布的贫困县进行了相关分析,发现在森林资源丰富地区贫困县的比例为 32.6%,比全国的比例(27.8%)高 4.8 个百分点(李周,王宏伟,郑宇,2000)。按照李周的统计思路,2012 年公布的 592 个国家贫困县中仍然有 104 个是之前确定的森林资源丰富县,占总体的 17.23%,比 1998 年增加了 9 个,说明在森林资源丰富地区整体贫困状况有所加剧。

1.1.2 森林资源丰裕区相对贫困认识不足

尽管森林资源丰裕区贫困问题依然严重,但这种贫困的测度是对区域绝对贫困的衡量。从区域贫困的分类可以看出,贫困问题的考察可以从绝对贫困和相对贫困两个层面进行。而随着经济的发展,区域贫困结构逐渐发生了改变,绝对贫困的下降、相对贫困的上升是我国贫困现状的整体趋势;目前对森林资源丰裕区相对贫困的识别及其特征的研究依然不够。

森林资源丰裕区相对贫困状况的变化主要受两个方面的影响。其一,是受我国宏观经济发展的影响。随着我国经济持续增长,在过去 30 年间,我国的绝对贫困率下降了近 30 个百分点,然而伴随着绝对贫困率的下降,中国的收入差距也在逐渐拉大(张茵,2005),贫困结构的变化在我国区域间表现得十分明显,在时间上中国整体的相对贫困水平又呈现逐步上升趋势,在空间结构上,城镇与农村的相对贫困则具有共同运动的特征(李永友,2006)。在这种宏观经济的作用下,森林资源丰裕区的贫困结构不可避免地会发生相应变化。

其二,森林资源丰裕区相对贫困状况会受林业重点工程实施的影响。自 1998 年长江、松花江等流域发生特大洪灾后,我国陆续实施了天然林资源保护工程、退耕还林工程、三北及长江中下游地区防护林工程、野生动植物与自然保护区工程、京津风沙源治理工程和速生丰产用材林基地建设工程等六大林业重点工程。六大林业重点工程涵盖了我国 97% 以上的县(市、区、旗),影响范围巨大。伴随众多林业重点工程项目的实施,如资源保护、国土绿化、水土流失治理、防沙治沙、湿地保护、生物多样性保护和商品林基地建设等项目的开展,六大林业重点工程的投资超过了 7000 亿元(张晓静,刘小强;2009)。各林业重点工程项目采取了补贴、限制采伐、禁止利用等多种措施,这些林业措施对林区的社会经济影响复杂多样,既有正面与积极的影响也存在负面与消极的影响(Liu et al,2011;刘璨,刘浩,2012;Bennett,2008;徐晋涛,2003)。大量研究都说明林业重点工程通过政策的实施,对林区整体财政、林农收入以及生产生活产生了巨大的影响;同时,各林业重点工程的财政补贴又直接影响了区域内居民的收入结构,而这种影响又会引起林区贫困结构的连锁变化。通过对吴起农户 1998－2011 年相对贫困的动态变化趋势探究,发现以 FGT 指数及其分解指数测定的林区贫困发生广度、强度和深度的确发生了复杂的变化(刘宗飞,姚顺波等,2013)。

1.1.3 资源与经济之间关系的探讨为研究林区贫困提供了新视角

通常认为资本、劳动力与自然资源是一个地区的基本生产要素,对经济增长有着正的边际贡献。因此,在其他条件相同的情况下,相对于资源贫乏的地区,资源丰富的地区能够获得更多的资本积累,有着更高的生产可能性边界,从而带来更快的经济增长。然而,相对于资源匮乏的国家和地区,在"二战"之后绝大多数资源丰富的发展中国家和地区的发展速度相对更低,Auty(1993)将这种现象总结为资源诅咒假说。随后 Rodrguez 和 Sachs(1999)等基于新古典增长模型、Matsuyama(1992)等基于两部门的内生增长模型分别对资源诅咒假设进行了理论解释,国内外学者利用多国和地区的数据对资源诅咒进行了验证,并且利用不同的资源丰裕度指标从人力资本、政治制度、价格波动、市场流动性、区位因素等方面对这一现象进行了解释(Sachs,Wamer,1995;Gylfason,2001;Birdsall,Pinckney,2001;Matthias Busse. Stenffen Groning,2013;SIgismond,2013;胡援成,肖德勇,2007;关越,2013;邵帅,2010)。目前,国内外针对资源诅咒假说的研究大部分集中在对石油、煤炭等矿产资源一类的点资源上,而对森林资源这一类的农业散资源确极少见到。现实中森林资源丰裕区更为贫困的现状似乎说明森林资源也存在资源诅咒，资源诅咒的研究思路对探索森林资源丰裕区贫困问题提供了新的视角。

国际组织和诸多经济机构都认为森林资源应该在降低森林资源丰裕区贫困问题上发挥更大的作用(FAO,2005；World Bank,2001)然而森林资源丰裕区的贫困状况说明了这些区域并没有发挥本身的比较优势。

结合我国森林资源丰裕区贫困现状及已有研究我们不禁要问，在贫困结构发生改变的情况下，森林资源丰裕区的相对贫困状况如何？这种相对贫困与森林资源不丰裕区相对贫困差别是什么？资源诅咒的研究视角又提醒我们森林资源是否也存在资源诅咒？森林资源在相对贫困的形成过程中所起的作用是什么？如果森林资源对相对贫困没有影响，那么是什么因素对不同森林资源丰裕区相对贫困产生了影响，相对贫困的传导路径是什么？基于以上问题，本书展开了下面的探索和研究。

1.2 研究目的及研究意义

1.2.1 研究目的

本书研究的主要目的是通过观测不同森林资源丰裕区相对贫困的表现及其特征，探究不同森林资源丰裕区相对贫困的差异；在此基础上，从经济增长及收入分配两个层面考察相对贫困的影响因素及其传导路径，同时，从实证的角度检验森林资源在各传导路径中所扮演的角色；结合不同森林资源丰裕区相对贫困的原因及其传导途径，探寻区域缓解相对贫困的措施。具体研究目的如下：

(1)基于文献回顾及相关理论分析，结合森林资源自身的特性对研究区域进行森林资源丰裕区和森林资源不丰裕区的划分；在此基础上，从相对贫困的发生广度、深度及综合影响上探究不同森林资源丰裕区相对贫困特征及其动态演化。

(2)从相对贫困的两个主要传导因素即经济增长及收入分配入手，实证检验不同森林资源丰裕区生产要素配置对区域经济增长及收入分配的影响，并在控制各生产要素的基础上探究森林资源对区域经济增长及收入分配的作用；同时，这一过程还可以检验森林资源是否存在资源诅咒。

(3)通过对相对贫困分解模型、区域经济增长模型以及区域收入分配模型的联立，对区域相对贫困的传导机制进行探索，在此基础上，对不同森林资源丰裕区缓解相对贫困提供解决措施和政策建议。

1.2.2 研究意义

1.2.2.1 理论意义

(1)以往对森林资源丰裕区贫困问题的认识多集中于对绝对贫困的初步描述上，对贫困类型及其内部特征研究不够深入,对森林资源丰裕区内相对贫困的研究很少涉及;本书通过对贫困的分类和界定,从相对贫困入手,通过探求区域内部相对贫困发生广度、深度以及综合指标等特征,分析不同森林资源丰裕区相对贫困的差别,更为详尽地描述了森林资源丰裕区相对贫困的表现形式及其动态变化特征。

(2)通过探索森林资源丰裕度在相对贫困的形成中所扮演的角色,寻求区域相对贫困的传导路径,拓宽了研究思路;同时在研究中对森林资源是否存在资源诅咒的检验,将资源诅咒问题的验证从煤、石油、天然气等矿产资源扩展到森林资源,丰富了资源诅咒假说的研究范围。

1.2.2.2 实践意义

(1)已经有很多学者关注了我国森林资源丰裕区的贫困问题,然而从目前对贫困问题的研究来看,结合森林资源丰裕区社会经济数据进行分析的实证类研究较少,已有的研究缺少对贫困问题的深入考察和分类研究,而本书从相对贫困这一贫困类型出发,详细了解森林资源丰裕区相对贫困的具体表现形式及其内部特征,可以为缓解不同森林资源丰裕区相对贫困问题提供基础性资料。

(2)我国森林资源丰裕区相对贫困问题依然严重并且有恶化的趋势,扶贫工作刻不容缓。对森林资源丰裕区相对贫困的原因从收入增长及收入分配两个层面进行研究,并以此为基础探寻相对贫困的发生路径,为缓解森林资源丰裕区相对贫困,作出了更具操作性政策探索。

1.3　国内外研究动态

本书的出发点是对我国不同森林资源丰裕区相对贫困的测度,在此基础上利用资源诅咒的实证研究思路,对森林资源是否存在资源诅咒进行验证,同时也是对不同区域相对贫困的影响因素进行分析,挖掘不同森林资源丰裕区相对贫困的传导路径,并提出缓解区域相对贫困的措施和建议。基于此,文献综述部分主要从以下几个方面分析:首先,对文章所涉及核心概念的介绍和界定,主要包括森林丰裕度,贫困,资源诅咒;其次,梳理现有贫困问题的研究;重点关注贫困问题的测度、贫困影响因素、贫困传导路径等方面的研究;再次,考察森林资源丰裕区贫困问题的研究,分析现有森林资源丰裕区贫困的现状,探索森林资源可能在贫困传导中作用;通过对既有研究的梳理和分析确定本书所研究的方向和范围,同时,总结已有研究中的优点和不足,确定本书研究的重点和创新,为本书的研究构建基础框架。

1.3.1　核心概念研究

1.3.1.1　森林资源丰裕度概念研究

森林资源丰裕度是从赫克歇尔-俄林的资源禀赋理论中延伸出来的概念,是用来衡量一个地区森林资源丰缺程度的指标,森林资源丰裕区即是该指标相对较高的地区。选择合适的森林资源丰裕度指数是研究森林资源对林区贫困影响的基础。

（1）森林资源

森林资源是以林木资源为主要载体，由植物、动物、微生物等组成与自然环境相结合的生物群落；在科学管理和合理经营的条件下，可以不断向社会提供物质产品、非物质产品和环境服务（李周，2004）。目前学术界对森林资源的分类基本上都是将森林资源分为物质资源和非物质资源，其中物质资源中包含林木资源、土地资源和野生生物资源，非物质资源中包括森林景观服务、生态服务和社会服务（丁宝清，2009；侯元兆，1994）。从森林资源的定义以及对其的分类中可以看出，森林资源中的林木、林地构成了物质资源的主体，而森林的各种生态社会服务则是森林资源中非物质资源的主要组成部分，两者相辅相成，物质资源是发挥非物质资源的基础，非物质资源是物质资源的功能体现。

（2）森林资源丰裕度

区域森林资源的丰裕程度直接影响地区经济发展和生态环境的改善。由于森林资源的特殊性和复杂性，以往基于森林资源与社会经济的研究中，对森林资源丰裕程度的测量大致分为三个层面：一是结合森林资源的特征设定主观的阈值判断森林资源的丰裕度，如李周（2004）在对森林资源丰裕区研究时采用森林覆盖率（大于 30%）、人均有林地面积（大于 0.33 hm²）、人均蓄积量（不小于 10 m³）三个指标来标识地区的森林资源丰裕度。丁文广、陈发虎等（2006）采用了李周的方法对甘肃省森林资源禀赋对贫困进行了研究，应用这一方法可以清楚地标识出研究地点是否属于森林资源丰富地区，然而这种森林资源状况二分类的方法只能对森林资源与地区的经济状况进行相关性研究，难以深入探究地区内部的影响机制。二是单一森林资源特征的选择。如森林资源蓄积量、有林地面积、造林面积、森林覆盖率等。姜雪梅，徐晋涛（2007）用单位林地蓄积量作为林区森林资源状况的指标，对我国林区森林资源变化趋势及其影响因素进行了研究；李烨、刘俊昌等（2013）分别用以上各个指标对宁夏森林资源环境库兹涅兹曲线的演变轨迹和阶段特征进行了探究；刘璨等（2010）在判断我国森林资源环境库兹涅兹曲线拐点的研究中也分别应该用了有林地面积和造林面积等作为衡量森林资源丰裕度的指标。三是森林资源的衍生指标，如木材采伐量指标，林木收益指标等。如石春娜等（2007）在研究森林资源与经济增长关系的时候即分别采用了木材采伐量与森林蓄积，林地面积等比值对森林资源进行衡量；Nicholas J. Hogarth 和 Brian Belcher 等（2012），Katsigris 等（2010）则在各自的研究中将林业收入作为了衡量森林资源丰裕程度的指标。

以上研究丰富了森林资源丰裕度指标选择的范围，结合不同的研究目的，各森林资源丰裕度指标的应用范围并不相同，也各有优缺。如李周等（2004）将森林资源各因素三分类的做法可以更为全面有效的判断地区是否属于森林资源丰裕区，但这种判断难以开展后续研究，限制了研究范围，同时，三分法中各森林资源特征阈值的判断标准有待商榷。单一森林资源特征选择操作性更强，数据获得更为方便，但是其中有些指标也饱受争议，例如造林面积，尽管这一指标容易获取连续多年的数据，但是，虚报及造林保存率低等原因造成这一指标难以准确衡量森林资源的丰裕度（刘璨，2010）；除此之外森林资源覆盖率的选择也存在争议，主要是因为，在我国第五次全国森林资源清查中对森林覆盖率技术标准进行了修改（黄鹤羽，王志学；2000），造成几次森林资源清查前后森林覆率的可比性不强；相比森林资源的其他单一指标，森林资源蓄积量数据可比性更强，对区域森林资源物质性特征描述得更为贴切，在假定森林资源物质性特征与非物质特征正相关的条件下，森林资源蓄积量可以对区域森林资源丰裕程度进行拟合。森林资源的衍生指标扩宽了森林资源丰裕度指标的研究范围，在不同的研究目的下，森林资源的衍生指标可以很好地替代区域森林资源的丰裕程度。

本书探究区域森林资源丰裕度大小主要用来进行森林资源丰裕区的划分，以及将其作为区域森林资源的要素指标，用来考察其对区域相对贫困、经济增长及收入分配的影响。从以上森林资源特征及已有的文献研究中可知，森林资源蓄积量指标可以作为核心指标来衡量区域森林资源丰裕程度。由于各省区在经济发展水平、人口规模、地域面积等总体状态上存在差异，绝对值指标在区域之间并不具有可比性。因此，在文章的研究中主要采用区域森林资源蓄积量与区域年末总人口的比值也即人均森林蓄积量这一相对指标来度量区域森林资源丰裕度。

1.3.1.2 贫困概念研究

（1）贫困的社会文化内涵

贫困是一个内涵丰富的综合型概念，既有社会文化方面的内涵，又有经济层面的描述，还具有历史性和地域性的特色。目前，中外学者仍未能总结出一个被普遍接受的定义，尽管如此，大量学者根据其时代的社会经济背景，从某种特定的角度对贫困问题进行了详细的界定和描述。

从社会文化角度来看待贫困，主要观点有以下几种：

一是贫困源自制度之间的差别。马克思主义理论认为贫困差异的根源是社会制度的差异，他认为，在资本主义制度下，居民对社会生产资料的占有存在显著差异，这种不平等的占有是贫困产生的根本原因。Alcock（1993）等人也认为贫困是一个社会政策性概念，这些研究中指出，在不同社会制度背景下，其政策导向、政策制定以及政策执行是不同的。某种社会制度下其政策甚至是失误或者不当的，在这些政策干预下的经济发展会带来社会的不平等，进而导致贫困的产生。

二是不同阶级群体能力的差别而导致贫困。以伦斯基等人为代表的贫困观认为社会中相对贫困是由群体间利益分配的不平等造成的，而群体间利益分配又受到其所处阶级的影响。伦斯基在他的《权力与特权：社会分层的理论》一书中说，不同阶级群体所拥有的资源差异决定了贫困者必然会陷入贫困。具体而言，在经济领域，贫困群体在资本和技术等生产要素方面比较匮乏，因而其经济自我发展能力较弱，难以获得较多的经济收入，极易陷入贫困。在政治领域，他们不具备参与政治活动的能力和机会，因此不可能对政府决策、选举投票等产生实际的影响，从而在制度形成的过程中难以表达自己的政治诉求。在社会生活层面，贫困群体对区域教育、传媒和社区组织的影响能力有限，普遍受到社会的歧视和排斥，这些因素都加重了贫困群体的贫困状况。

三是非主流的社会亚文化是贫困的体现；Oscar Lewis，Banfield，Harrington 等人通过各自的著作，从文化的角度解释了贫困的含义。他们利用来自墨西哥、意大利和美国等不同的社会经验资料，对贫困的概念从社会文化层面进行的新的构建。按照他们的观点，贫困群体内部会形成一种区别与主流的社会亚文化，贫困是一种文化的存在；这种排斥和拒绝社会的亚文化会影响贫困群体中的行为方式,并且存在代际相传。Byrne (1999)等人研究发现社会文化方面的变迁会对某些群体造成一定的排斥,从而形成社会的整体力量对某些个体和群体的压迫,进而产生了贫困。

尽管不少学者在社会、政治、文化等多元视角对贫困进行了描述。然而,我们认为经济基础决定上层建筑,财富的匮乏是社会、政治、文化层面贫困的根源,贫困概念的核心内容是基于经济层面的界定。

(2)贫困的经济内涵

贫困的经济内涵可以通过对贫困类型的划分进行了解。首先,贫困可以按照居民收入的绝对量和相对量进行绝对贫困和相对贫困的划分。绝对贫困又可以被称作生存贫困,是指在特定的社会环境中,个人和家庭的基本生存需求难以通过其劳动所得和其他合法收入来满足,国际上通常会将每天收入低于1美元的人定位为绝对贫困人口。相对贫困与绝对贫困不同,它描述的是一种相对状态,是指与社会平均水平收入水平相比,某些群体收入水平低于某一阈值时所维持的社会生活状况,通常情况下相对贫困的衡量是在设定的相对贫困阈值下,将一定比例的人口确定在相对的贫困之中。

其次,从研究样本的分类来看待贫困,可以将贫困进行区域贫困和个体贫困的划分。区域贫困描述的是整体贫困状况,是区域经济不发达的一种状态,例如国家贫困、地区贫困、农村贫困、城市贫困等。个体贫困即是从家庭和个人角度看待贫困,从这一层面分析,任何区域都或轻或重的存在贫困现象,贫困是一个永恒的问题(郭熙保,2005)。区域贫困和个体贫困尽管存在一定差异,但两者又有着紧密的联系。贫困地区一般个体贫困也较严重,而个体贫困发生率及程度较深的地区也往往是区域贫困的表现;在研究区域贫困的过程中除了用区域平均数据外,通过对区域大样本的考察,也可以预测区域贫困状况。

从以上对贫困定义的文献梳理中可以发现,贫困是一个涉及多学科、多领域的综合性问题,从不同的角度看待贫困问题,贫困的内涵有所区别,但又相辅相成。整体来看,经济层面的贫困是基础,社会文化层面的贫困是经济贫困的客观体现,同时,社会文化、阶级差异以及能力的区别又能在一定程度上改变贫困状况。结合研究目的,本书主要从经济层面对贫困问题进行研究,利用区域家计调查数据重点考察区域相对贫困。

1.3.1.3　资源诅咒研究

(1)资源诅咒的提出

资源诅咒假说是在自然资源与区域经济增长关系的理论探讨和实证研究中产生的。随着时间的进程可以看出自然资源与经济增长的研究大致分为三个阶段:第一阶段是18世纪末期至19世纪中期,这一阶段的研究主要是以土地资源为核心,探讨自然资源在经济增长中的作用。威廉·配第、亚当·斯密、大卫李嘉图等经济学家一致认为土地资源是财富创造中的重要生产要素,土地资源产权拥有方式的差异能在很大程度上影响经济增长,不仅如此,土地资源的稀缺性也会在一定程度上制约经济增长,但管理方式的改变、生产要素配置以及技术进步等措施可以对这种制约进行缓解和抵消。在这一阶段的后期,自然资源与经济增长关系研究的热度降低,伴随边际革命的进行,新古典经济学家如马歇尔等人将如何合理配置稀缺资源,追求帕累托最优状态作为了研究重点。第二阶段大致出现在1950—1980年间,这一阶段讨论的核心问题是"自然资源是否促进了经济发展?"具有代表性的观点主要有以下几种:一是自然资源是经济发展的引擎。持这种观点的主要有Innis(1956)和North(1955)等,他们认为自然资源可以为发展中国家提供必要的资本积累,增加区域资本总量,通过金融流动实现资本向基础设施与加工业的转移,进而促进经济发展。二是自然资源会制约经济增长。代表学者主要有Prebish(1950)和Singer(1950)等,他们认为自然资源的繁荣会造成发展中国家对资源的依赖,会因为路径依赖的存在限制本国经济发展,同时,资源的初级产品特质决定了资源出口在国际贸易中不具优势,从而加大了发展中国家与工业化国家的距离。三是自然资源无约束论。经济增长理论模型的发展变化显示,无论是在哈罗德-多马模型、新古典经济增长模型还是在新增长理论模型中,资本、劳动力、技术要素都被认为是经济增长模型的核心要素,创新、人力资本在经济发展中的重要作用也越来越受重视,而自然资源一直未被纳入经济增长模型。第三阶段是20世纪80年代以后,这一时期主要是基于现实经济发展的实践经验而进行的自然资源与经济增长的实证研究,资源诅咒这一假说就是在这一背景下提出的。

(2)资源诅咒实证研究现状

"二战"后大多数资源丰富的发展中国家和地区的发展速度落后于资源匮乏的国家,这种状况被Auty(1993)称为"资源诅咒",在这一基础上,Sachs和Warmer(1995)利用多个国家的经济数据首次探索了资源丰裕程度与经济增长之间的关系。研究结果显示,自然资源丰裕度与经济增长速度负相关,这种关系在控制了初始人均收入、贸易政策、投资等变量后依然显著存在。

自这一研究之后,国内外大量学者对资源诅咒假说在国家和地区间展开了论证(Leite, Weidmann, 2002; Lane, Tornell, 1996, 1999; Gylfason, 2001; Martin, Subramainan, 2003, Papyrakis, Gerlagh, 2004; Eugenio Figueroa, 2010)。已经在国际上多次被证明具有资源诅咒的国家主要有:非洲的刚果、南非、尼日利亚、阿尔巴尼亚、利比亚、几内亚、塞拉利昂、特立尼达、多巴哥、赞比亚等,拉丁美洲的墨西哥、智利、委内瑞拉、玻利维亚、厄瓜多尔、扎伊尔,亚洲的沙特阿拉伯、伊朗、伊拉克、科威特等国家。Papyrakis和Gerlagh(2004),Cooke等(2006)分别对美国各州和不同地区进行检验,发现资源诅咒在美国国内是成立的。国内学者对资源诅咒的验证也大多是基于省际或者地区的层面展开的,所用的研究框架、基本模型与国外的研究大同小异。这些研究主要包括以省为单位的验证(徐康宁,王剑,2006;胡援成,肖德勇,2007;邵帅,齐中英,2008;胡华,2013),以市或者地区为单位的研究(丁菊红,王永钦,2007;方颖,2008)。赵伟伟(2009)通过分析已有研究认为仅仅将经济增长作为资源诅咒研究中因变量的单一指标,会使得研究存在局限性。随着资源诅咒研究的深入,不少学者将这一假说与其他的社会经济指标联系在了一起,例如Neumayer(2004)及Ortega(2005)仍然使用Sachs和Warner(1995)的资源丰裕度指数作为自变量,而将产出变量变为人均收入净增长,结果发现资源对经济增长有很弱的负相关关系。Bulte等(2005)分析了资源依赖对人口福利的影响,结果发现两者之间存在消极关系,更有学者利用这一假说分析了资源与内战数量(Collier,oeffler,2005),人均GNP、家庭消费、基础设施发展,农业产出等经济发展指标。除此之外,资源诅咒的研究中也开始提出对自然资源类别进行细分(sham,2002;Murshed,Perala,2004),提出按资源分布分为"点资源"如煤、石油等矿产资源以及"散资源"如土地、森林等资源。以上关于资源诅咒的研究提供了很好的资源诅咒的研究范式,资源诅咒因变量的拓展以及资源分类的延伸为我们分析森林资源丰裕度对相对贫困的影响提供了很好的研究视角。

1.3.2　贫困问题研究

1.3.2.1　贫困的测度和识别

贫困测度包括单一维度和多维度贫困测度,它是研究贫困问题的基础。近几年越来越多的学者将注意力转移到了多维度贫困问题。联合国开发计划署(UNDP)基于人类发展指数,于1990年创建了由三大类指标组成的人类贫困指数,这三类指标分别为衡量生存状态的指标、衡量知识水平的指标以及反映享受体面生活的指标。随后在2010年,UNDP又与英国牛津大学合作开发了"多维贫困指数"(MPI),这一指标将测量各个维度的指标数由3个增加到10个。在这一基础上,国内外学者根据自己的研究区域,设计了多种测定贫困的多维指标体系,Maria Emma Santos(2013)利用教育、健康、必要的生活标准这三类指标对不丹2003—2007年的贫困进行了多维测量;Rodriguez-Chamussy(2005)和Lopez Calva等(2009)分别采用了不同的多维指标对墨西哥的贫困进行了测量;Paesde Barros等(2006)用六大贫困测量指标、48个分类指标对巴西1993—2003年多维贫困的动态趋势进行了研究;Diego Battistonhe和Guillermo Cruces等(2013)将收入、儿童入学率、户主教育水平、卫生条件、水、住房等指标结合成测定贫困的多维研究指标,对拉丁美洲的六个国家(阿根廷、巴西、智利、萨尔瓦多、墨西哥、乌拉圭)进行了研究。国内利用不同指标的多维贫困测量也在省际区域内展开。郭建宇,吴国宝(2012)利用受教育年限、健康状况、财产、住房、电消费、清洁饮用水、卫生设施、生活燃料8个指标对山西省的贫困县进行了研究;王小林和Sabina Alkire(2009)按照Alkire和Foster(2007)建立的多维贫困测量体系(分别从住房、饮用水、卫生设施、电、资产、土地、教育、健康保险等层面对调查样本赋值,进行测量),利用2006年我国健康与营养调查数据,测度了我国城市和农村家庭多维贫困,该研究得出了中国城市和农村的多维贫困状况比单纯以收入为标准测量的贫困状况严重的结论。陈立中(2008)从收入、知识和健康三个层面对我国1990—2003年间多维度贫困进行了测算、夏普里分解以及变化趋势分析,研究发现我国多维贫困在转型时期出现了下降,其中收入贫困下降趋势最为明显,健康贫困降低程度有限。近几年多维贫困测量的方法在我国城乡家庭贫困状况的研究中陆续开展(高艳云,2012;蒋翠侠,许启发,2011;侯卉,王娜,2012)。

尽管多维贫困能够更全面的描述贫困的特征,但是,多维贫困测量的方法并不成熟,主要表现在以下几个方面。首先,多维贫困指数体系中贫困维度的选择范围并不统一,受限于数据来源以及研究人员对贫困的主观认识,在实际操作中对贫困维度的选择非常凌乱。并且常用的知识、健康、住房、饮用水、卫生设施、用电量等非收入性的维度大多只是收入贫困的一种具体表现,各指标与收入之间有很强的相关性,完全可以用收入贫困来替代。除此之外,各维度的贫困测量也难以真正体现这一维度层面上的贫困状况,以家庭为例,不同的家庭其消费习惯及偏好不同,在某一维度上的贫困表现只能说明该家庭并没有消费意愿,但是并不能说明在这一层面没有消费能力。其次,多维贫困指数中各项指标的剥夺临界值的确定存在较大争议。例如,教育层面贫困的判断标准是小学还是初中,住房贫困是依照面积还是房屋结构等都难以客观确定,然而,指标临界值的确定又是测定贫困大小并进行区域比较的核心问题(郭建宇,2012)。再次,多维贫困指标的权重直接影响测量结果的大小,而到目前为止,并没有明确合理的权重确定办法,多数学者仅根据自身的理解来确定贫困权重,这也产生了巨大的误差,给多维贫困的测量带来了很大的不确定性。基于以上分析,本书在进行贫困分析的过程中仍然采用主流的贫困分析方法,而没有采用多维贫困测量方法。

单一维度贫困的测量和识别是贫困问题研究的主流,这方面的研究主要是指从经济层面对贫困的识别和测量,其中贫困线是测度贫困的标准,是开展贫困问题研究的基础。目前,贫困线可以从两个方面进行衡量,一是通过个人和家庭的消费状况进行判断,例如典型的贫困线测定方法马丁法,其主要思想是在特定的生产生活条件下,个人和家庭在正常的生命活动中所进行的必要消费支出,也即满足营养需求的食品支出和必需的非食品支出(刘欣,1996)。除此之外,国际上其他根据消费情况测算的贫困线方法还包括恩格尔系数法、市场菜篮法、国际贫困标准法和生活形态法等,需要指出的是,我国政府公布的贫困标准也是基于全国大量居民家庭消费支出而测算的(杨国涛,尚永娟,2010)。依托消费支出所衡量的贫困线是不准确的,因为这种测量忽略了区域的消费偏好与消费习惯,同时,这种算法划定的贫困线一般偏低,不能够实现对贫困人群的有效识别。

另外一种测定贫困线的方法是根据个人和家庭的年均收入情况进行的。通常是将年均收入的一定比例确定为贫困线,如经济合作与发展组织所测定的国际贫困标准,就是该组织通过对其成员国大规模调查后确定的一种收入比例法。这种测定方法可以避免消费支出测量中的误差,并且更为直接抓住了经济贫困的核心也即收入,这种划定方法得到了大多学者的认可。如王朝明,姚毅(2010)在研究中即利用了样本可比收入的50%进行贫困线的划定,并分析了我国城乡贫困动态的演化;刘宗飞、姚顺波等(2013)对吴起农户相对贫困的测度中也应用了收入比例法;李永友等(2007)在判定我国整体贫困结构转变及其原因的研究中也采用了这一方法。本书在研究中主要参照了李永友等人的做法对区域相对贫困进行了衡量。

1.3.2.2 贫困产生的影响因素及路径分析

探索贫困产生的原因及其传递路径是贫困问题研究的重要组成部分。利用微观样本对个体贫困的解释中,家庭样本特征、劳动力质量、家庭资源禀赋状况、偶发性灾难事件、重大变故等都是影响贫困的重要因素(Maria Emma,2013;Sabrina Habich,2013;王小林,2009;高艳云,2012;蒋翠侠,许启发,2011;侯卉,王娜,2012)。而在以宏观数据进行区域贫困问题的研究中,区域人力资本、物质资本、财政支出结构、对外开放、地理区位、政府干预、储蓄能力等都可以在一定程度上对区域贫困做出解释(李永友,2007;万广华,2006;袁嫣,2011;吕炜,刘畅,2008;曲玮,涂勤,2012)。从既有的研究中可以看出,个体贫困的产生在于个体资源禀赋的拥有程度;而区域贫困则主要决定于区域生产要素资源配置。

区域贫困是一个综合性概念,贫困的产生受制于区域生产要素的资源配置,然而,单一要素对贫困的影响作用并非通过单一途径产生,从贫困的分解中可以看出,经济增长与收入分配是影响贫困的两条主要路径。经济增长可以带来区域经济总量的增加,然而收入分配的差异可能会使得经济增长难以惠及区域内贫困人口,从而无法体现经济增长的"涓滴效应"(沈扬扬,2012),出现增长性贫困。郑秉文(2009)通过对 1980—2008 年拉美地区的经济增长与贫困数据的研究,发现拉美地区经济增长与贫困率呈现同步上升的现象,而只有当经济增长率超过 3% 时,贫困率才开始下降。万广华等(2006)在研究收入增长与不平等对我国贫困的影响的过程中,对经济增长与收入分配对贫困的作用机理利用 Shaley 分解的方法进行了详细的介绍,贫困的变化可以分解为两个层面,一是在假定经济增长不变的情况下,由于收入分配差距而带来经济体不平等的增加从而导致贫困的变化;另一层面是假定收入分配不发生的变动时,经济增长的变化对贫困的影响。这种对贫困影响路径的分解可以清楚地把握贫困产生的机理。相反,对贫困问题的研究不进行路径的分析和贫困影响因素的分解,则难以制订缓解贫困的有效措施,例如,一种加重区域贫困的要素禀赋可能同时会产生促进经济增长的作用,在这种情况下,降低该要素在区域间的资源配置,可以缓解区域贫困,但这种措施也同时降低了区域经济增长,从而可能造成区域整体福利水平下降,难以实现帕累托改进。因此,在贫困问题的研究中对贫困的路径划分以及其影响因素的分类说明是有必要的。

1.3.3 森林资源丰裕区贫困问题的研究

1.3.3.1 森林资源丰裕区贫困问题研究现状

按照森林资源丰裕程度可以对区域进行森林资源丰裕区和不丰裕区的分类。在区域贫困的研究中,将森林资源丰裕区作为研究区域来考察贫困的研究并不多见,国内外大多数涉及森林资源丰裕区贫困问题的研究集中于以下几个方面。

(1)考察林农行为对收入的影响。Stein Holden 等(2003)通过设计理论的"生态-经济"模型,考察了种植桉树的行为对埃塞俄比亚高原贫困状况的影响,他认为在能够发现市场的基础上,在不适合种植粮食的土地上种植桉树可以提高农户的收入,从而有效降低贫困。Linda Roengren(2012)也通过对植树行为的研究发现,种植树木可以改善地貌并可以通过减少灾害发生和提供就业机会两种途径减少贫困。Naughton – Treces (2007)利用 1995—2005 年的数据对乌干达的森林保护区进行了研究,发现林农家庭住址距离保护区远近与贫困之间有紧密的联系,距离保护区越近越容易产生贫困依赖。

(2)从林业产业的角度考察林业收入对林农贫困的影响。这类的研究是国外针对森林资源丰裕区贫困问题的研究重点。McSweeney K(2002,2005)对洪都拉斯进行了多年林产品销售的调研,她发现林产品销售收入越高的林农在社区中的贫困状况越弱,并且林地和林木资源是应对自然灾害的天然保险,她的研究同时证实了 Chambers 和 Leach (1987)认为林木相当于低收入林农储蓄观点的假设。Sonja Vermeulen 等(2008)通过对不同国家"林业公司—社区"模式的研究,认为该模式尽管有分担林业经营风险,提高土地收益,增加就业机会,增加社区凝聚力等优点,但该模式并不能提升林农面对市场的议价能力,并且该模式只能对收入的增加起到辅助性的作用,并不能有效地缓解林区贫困。不少学者对林业收入的重要性在国际和地区的范围内进行了研究,这类研究多以热带雨林地区为例,通过对非洲东部和南部的研究发现林业收入大约占林农整体收入的15%~39%,甚至在样本中林业资源相对缺乏的地方贫困林农对林业的依赖也比较严重(Babulo,2008;Cavendish,2000;Dovie,2005;Fisher,2004;Kamanga,2009;Mamo,2007)。Patricia Uberhuaga 等(2012)通过对玻利维亚的调查也证实了林业收入对林农的重要性,同时他们通过 OLS 回归发现家庭规模、户主性别以及林地的海拔等因素对家庭林业的绝对收入有显著影响,而户主的教育程度、出生地(农村或者城市)、家庭粮食能否自我满足等因素直接影响了家庭对林业收入的依赖度,最后他们认为林业有足够的潜力使贫困林农摆脱贫困。Shenoa Shackleton 等(2011)对国际各国非木质林产品的研究发现,通过生产非木质林产品增加收入的进入门槛很低,从事非木质林产品不需要付出大量资金和劳动力,这种特质对贫困林农吸引力很强,通过对收入分组观察可以看出低收入林农(贫困林农)有更强的贸易非木质林产品的激励,而实际中贫困林农更多处于从事收集非木质林产品的产业链的最初级环节,而中等收入的林农更多参与市场的买卖,在非木质林产品的收益分配中贫困林农只占到10%~40%。这种过于关注林产品收入的微观研究,忽略了考察整体市场对林区贫困的影响,这也造成了对森林资源丰裕区贫困问题研究多处于表面的描述阶段,分析不够彻底。事实上即便在森林资源丰裕区,林业产业对区域的影响也只是一部分,其他生产要素的配置都会在很大程度上影响区域贫困的发生,在不控制其他因素的条件下单一分析林业产业的作用是不客观的。

(3)从制度的角度考察林区政府行为与贫困的关系。这些研究认为贫困不应该被排斥在经济增长之外,而一些能够促进经济增长的政策有时候却会在林农和林业企业之间产生两种不同的标准,从而造成贫困的加重。不少学者通过对各国林业政策的研究发现,由于政策原因,林产品的收益大部分被一些商业化程度高的林业机构所占有,而当地林农只能获得很少的一部分(Peluso,1992;Dasgupta,1993;Ribot,1998;Oyono,2005)。Ribot 等(2007)通过对洪都拉斯和塞内加尔的案例研究,发现案例国家林业政策对林地权利制定存在双重标准,而这一政策限制了林农处理林地的权利,并且给林农进入市场方面制造了一定的障碍,这也是导致林农贫困的原因之一。Cuneyt Koyuncu 和 Rasim Yilmaz(2013)应用 FAO2005 年公布的数据,对世界上林地面积超过 50000 平方公里的 128 个多家进行了分类研究,采用多元回归的方法分析了森林私有化对贫困的影响,结果显示,森林私有化与贫困之间存在显著的负相关,因此林地所有权的私有化是降低贫困的重要制度改革,然而文章中仅仅简单的采用人类发展指数代表样本的贫困状况,而人类发展指数难以有效表明各样本的贫困特征。

(4)考察林业重点工程对森林资源丰裕区贫困的影响。六大林业重点工程实施之后,国内外大量学者对各工程对森林资源丰裕区贫困的影响进行了微观农户和宏观区域的分析。如王立安等(2013)以甘肃南部武都区为例,通过可持续生计分析框架考察了退耕还林对农户贫困的影响,结果显示参与退耕项目的农户绝对贫困、相对贫困方面都发生了可喜的变化。然而文章对绝对贫困和相对贫困的划分只是根据样本农户的收入分组来主观判断,并不能客观的显示贫困的变化。Yao,Guo(2010)以陕西省吴起县为例,分析了退耕还林工程对农户收入的影响,并得出退耕还林对不同收入农户影响各异的结论。Maclaren(2011)则对吉林敦化县进行了研究,发现退耕还林工程对样本农户收入影响不大。徐晋涛等(2003)通过对天保工程区案例研究,并结合相关统计调查,认为天保工程的实施会通过减缓工程区经济增长速度、较低区域内林农就业以及限制林农生产生活方式等途径降低区域经济福利。刘璨、林海燕等(2011)通过考察六项林业重点工程对样本农户收入流的影响,发现各林业重点工程对样本农户的收入流影响存在差异,这种差异是由林业重点工程的政策及其区域分布不同造成的。刘璨、刘浩等(2012)则对各林业重点工程对农户收入及其结构、非农就业劳动力转移以及农户生产要素配置的影响进行了研究,认为各工程产生的影响不同。这一系列研究说明了各个林业重点工程对林区的生产生活产生了巨大的影响,而这种影响又会引起林区贫困的变化。然而,林业重点工程在地区内有相当大的重叠性,不同的林业工程对整体贫困状况具有交叉影响,只考虑某一林业工程的研究难以全面衡量林区的贫困问题,需要对各区域进行综合的考量。

除此之外,在林业重点工程实施背景下,也有学者利用大样本数据直接对区域贫困问题进行了分析,如刘璨等(2004)用1978年—1997年的金寨县农户数据,考察了农户全要素生产率变化对贫困发生率变化的影响,文章认为政府需制定稳定且有诱致性的制度,让农民存有稳定的制度变迁预期,才能有效消除贫困。然而,文章中所选用的贫困发生率这一指标的选择难以有效表达贫困的发生程度和规模。

1.3.3.2 森林资源在相对贫困路径中作用探析

森林资源丰裕区作为典型的资源区域,其区域要素配置状况是区域相对贫困的主要影响因素;除此之外,森林资源丰裕区具有森林资源的比较优势,这种比较优势给林区的经济发展和收入分配带来了重大影响,从而间接影响林区贫困的变化,而森林资源丰裕区反而存在更严重的贫困问题(李周,2004),似乎说明森林资源也是相对贫困的重要影响因素。已有对森林资源丰裕区贫困问题的研究大多从微观角度进行,对贫困问题的探索也大多从绝对贫困的层面,并未将森林资源这一森林资源丰裕区的核心自然资源作为贫困产生的原因进行考虑,也未将贫困问题延伸到相对贫困层面;然而已有研究依然为本书研究提供了宝贵的素材和经验,结合相对贫困产生的两条途径,从森林资源丰裕区贫困问题的研究中我们可以将森林资源对相对贫困可能产生的影响总结如下。

(1)森林资源的存在可以为林区提供大量的涉林就业机会,通过对林区劳动时间和劳动结构的重新配置来影响林区的经济变化,这种变化又因森林资源的丰裕程度不同而有所差别。Stein Holden等(2003)通过设计理论的“生态-经济”模型,考察了种植桉树的行为对埃塞俄比亚高原贫困状况的影响,他认为在能够发现市场的基础上,在不适合种植粮食的土地上种植桉树可以提高农户的收入,从而有效降低贫困。Linda Roengren(2012)也通过对植树行为的研究发现,种植树木可以改善地貌并可以通过减少灾害发生和提供就业机会两种途径减少贫困。

(2)森林资源作为可持续的天然财富赠予,对森林资源丰裕区经济影响是巨大的。一方面森林资源可以直接转化为经济收入,从而增加森林资源丰裕区资本存量,促进经济发展。McSweeney,K(2002,2005)对洪都拉斯进行了多年林产品销售的调研,她发现林产品销售收入越高的林农在社区中的贫困状况越弱,并且林地和林木资源是应对自然灾害的天然保险,她的研究同时证实了 Chambers 和 Leach(1987)的研究中林木相当于低收入林农储蓄观点的假设。另一方面,由于财富的可获得性较强,对未来收益的良好预期会改变林区投资及消费习惯,林区产业发展可以依靠林业产业进行,增加了区域产业发展的选择。Patricia,Uberhuaga 等(2012)在玻利维亚的调查证实了林业收入对林农的重要性;通过对非洲东部和南部的研究也可发现林业收入大约占林农整体收入的15%~39%,甚至在样本中林业资源相对缺乏的地方贫困林农对林业的依赖也比较严重(Babulo,2008;Cavendish,2000;Dovie,2005;Fisher,2004;Kamanga,2009;Mamo,2007)。

(3)林业经济发展过程中,在林业产业链中的参与度不同,以及林业补贴的差别化都造成了林区内部收入分配的差异。Shenoa Shackleton 等(2011)对各国非木质林产品的研究发现,利用非木质林产品的生产来增加收入的进入门槛很低,从事非木质林产品不需要付出大量资金和劳动力,这种特质对贫困林农吸引力很强,通过对收入分组观察可以看出低收入林农(贫困林农)有更强的贸易非木质林产品的激励,而实际中贫困林农更多处于收集非木质林产品这一产业链的最初级环节,而中等收入的林农更多参与市场的买卖,在非木质林产品的收益分配中贫困林农只占到 10%~40%。刘璨,林海燕等(2011)研究发现林区内部林业重点工程的实施在不同程度上促进了样本农户收入的流动。

(4)森林资源丰裕区的特有林业政策对林区经济发展的影响。Naughton. Treces(2007)利用 1995—2005 年的数据对乌干达的森林保护区进行了研究,发现林农家庭住址距离保护区远近与贫困之间有紧密的联系,距离保护区越近越容易产生贫困依赖。我国六大林业重点工程的实施,直接改变了林区生产生活,尽管以一定补贴的形式对这种变化进行了补偿,然而这种变化是对林区劳动力尤其是林农行为的直接剥夺,在转变生产方式的过程中,林区内部的收入分配必然会带来差异。

1.3.4　国内外研究动态述评

纵观国内外研究文献资料可以发现,现有研究在贫困影响因素的选择及方法的应用上都做出了巨大的贡献,为分析森林资源丰裕区贫困问题提供了很好的借鉴,但是这些研究也存在以下不足之处:

(1)对贫困度阐述不够清晰。在已有的研究中大多只是运用了贫困这样的词语,而并未对贫困进行有效界定,混淆了绝对贫困和相对贫困的含义。而从贫困定义的分析中可知,绝对贫困和相对贫困是两个不同的概念,其影响因素及其产生的路径是有差别的,不加区别的笼统对待,会造成分析结构的不明朗。

(2)对不同森林资源丰裕区贫困问题缺乏深入的分析。既有研究多从微观个体入手,而并未对区域贫困问题进行研究,使得研究中对林区贫困问题分析较浅,利用个体收入来分析区域贫困问题,难以全面地说明区域贫困的发生规模,发生深度及其综合效应,部分研究仅从主观视角进行判断,缺少实证数据的支撑。

（3）未对不同森林资源丰裕区贫困问题进行有效的路径分析。贫困问题是一个综合性概念,区域经济增长及收入分配都能在一定程度上解释贫困,单一要素对贫困的影响可能从不同的方向对贫困做出解释,不进行贫困的传导路径分析难以对贫困的产生逻辑进行梳理。

结合已有研究文献的分析结果及不足之处,本研究希冀从以下三个方面来对既有研究进行补充和深入拓展。

（1）重点研究区域相对贫困问题。我国区域贫困结构的转变,使得贫困问题由绝对贫困转向相对贫困,而现有贫困研究对相对贫困问题关注不足,本书将研究的重点放在不同森林资源丰裕区相对贫困问题上,以期能为区域相对贫困问题的缓解提供帮助。

（2）区域宏观经济的发展变化以及林业重点工程的实施,都将影响不同森林资源丰裕区的相对贫困状况,目前对不同森林资源丰裕区相对贫困的特征及其变动趋势的识别尚不存在。本书将利用我国各省区农村及城镇抽样调查数据,对不同森林资源丰裕区相对贫困问题从贫困发生广度、深度及综合影响三个方面进行描述,并对不同森林资源丰裕区相对贫困状况进行差异性分析,为区域相对贫困提供基础性资料。

（3）通过区域经济增长及区域收入分配两个视角探索不同森林资源丰裕区相对贫困的产生路径,具体分析不同森林资源丰裕区内要素配置对相对贫困的作用及其传导机制;与此同时,将资源诅咒的研究范围扩展到森林资源层面,探索在相对贫困的形成过程中,森林资源资源诅咒是否真的存在。

1.4　研究思路与方法

1.4.1　研究思路

本书从资源诅咒的研究视角出发,结合区域相对贫困的两条传导路径即区域经济增长及区域收入分配,分别以不同森林资源丰裕区为研究对象,考察区域要素配置对经济增长、收入分配的影响,并分析包括森林资源在内的各要素配置在区域相对贫困传导路径中所起的作用,探索相对贫困的传导机制,以此为基础提出可行性建议来实现缓解区域相对贫困的目的。具体研究思路为:首先,本书对区域经济发展理论、资源经济理论以及相对贫困理论进行了归纳和梳理,为下面分析不同森林资源丰裕区的相对贫困问题提供理论研究框架;其次,对我国各区域森林资源丰裕程度进行衡量,对区域进行森林资源丰裕区及森林资源不丰裕区的分类,在此基础上,对各区域相对贫困状况从发生广度、深度及综合指数三个层面进行描述性分析,初步观测森林资源丰裕区相对贫困与森林资源不丰裕区相对贫困的差异,为接下来的研究提供背景和分析基础;再次,本书展开不同森林资源丰裕区相对贫困问题的重点研究,为了清楚地说明研究问题,我们在研究的过程中对森林资源丰裕区以及森林资源不丰裕区进行了对照研究和分析,具体研究主要从三个方面着手分析:第一,单独考察包括森林资源丰裕度在内的区域要素配置对区域经济增长的影响,观测区域经济增长的主要影响因素,为最终分析相对贫困的传导路径做准备;第二,单独考察包括森林资源丰裕度在内的区域要素配置对区域收入分配的影响,观测区域收入分配的主要影响因素,为最终分析相对贫困的传导路径做准备;第三,综合考虑经济增长及收入分配之间的相互影响,对区域经济增长因素及区域收入分配影响因素进行联立分析,构建区域相对贫困的传导路径;最后,在上述分析研究的基础之上,综合考虑经济增长及收入分配的研究结果,提出一系列可行性建议以期来改善区域相对贫困状况。本书的研究技术路线如图 1-1 所示。

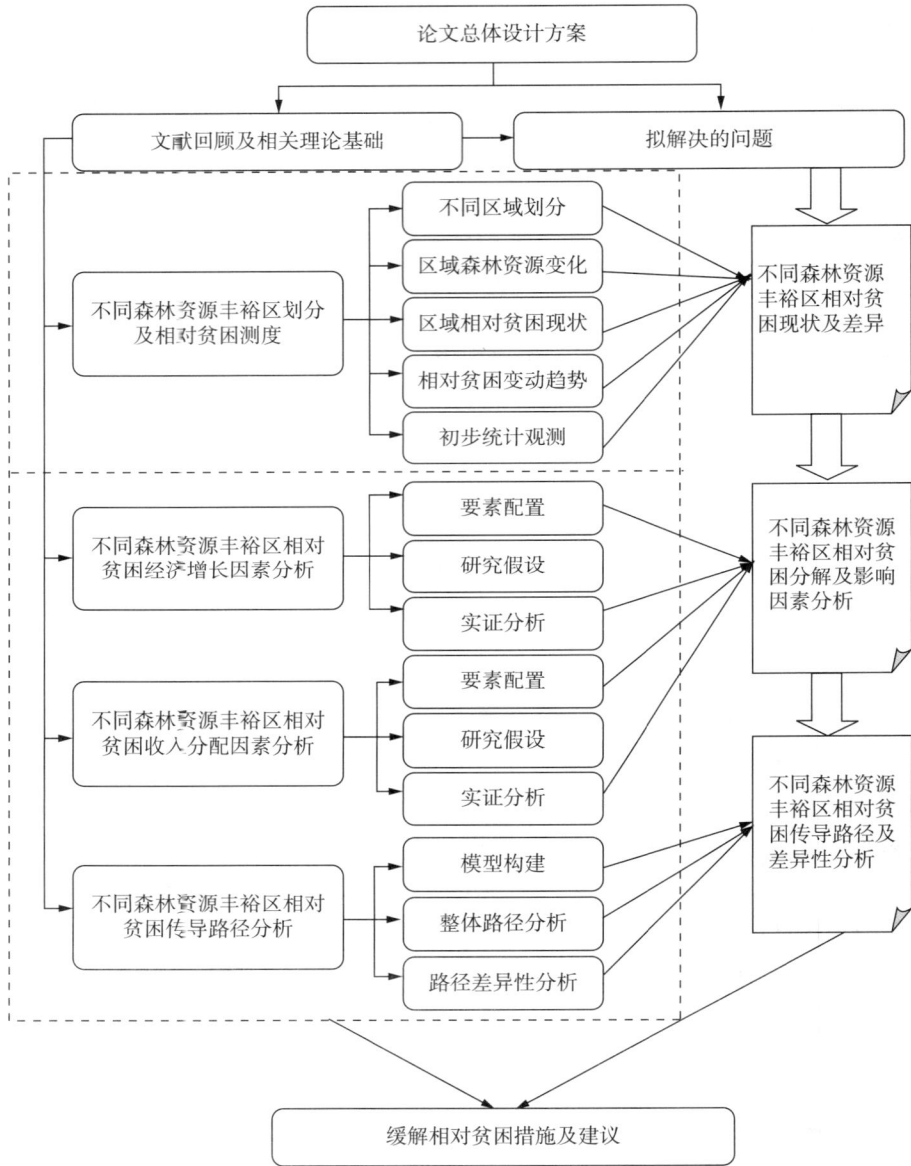

图 1-1　论文技术路线

1.4.2 研究方法

在分析我国不同森林资源丰裕区相对贫困问题的过程中,本书始终坚持规范分析与实证分析相结合、定量与定性分析相结合、静态与动态分析相结合的原则,依托经济学的基本原理,以计量经济分析为重点,以比较分析为辅助,共同构建了分析的方法基础。研究中主要采用的方法有:

(1)逻辑分析方法。相对贫困是一个综合性的概念,受区域经济增长和收入分配的影响,而经济增长及收入分配又决定于区域要素资源禀赋的配置,分析区域相对贫困的传导路径需要利用逻辑分析的思想。因此,本书利用逻辑分析的方法,从已知区域要素配置开始,分别考察包括森林资源在内的要素配置对经济增长及收入分配的影响,最后结合二者对相对贫困的影响,推断区域相对贫困的传导路径。

(2)实证分析方法。在对样本整体及不同森林资源丰裕区相对贫困传导机制的研究过程中,主要采用了多元面板数据模型,在这一模型的基础上,根据章节的研究内容使用了不同的研究模型,如在考察不同森林资源丰裕区经济增长的影响因素中通过引入空间影响因子而建立了空间计量模型;在对不同森林资源丰裕区相对贫困传导机制的探索中,综合考虑了各变量的内生性,而建立了联立方程模型。

(3)比较分析方法。首先,考虑到研究时期较长,森林资源因林业产业政策的变化而在不同时期有显著的变化,在区域经济增长及收入分配的研究中,对不同研究时期的结果进行了比较分析;其次,在对各区域森林资源禀赋测度的基础上,根据森林资源丰裕度的差别可以将区域分为森林资源丰裕区和森林资源不丰裕区。本研究在观测区域经济增长、收入分配以及相对贫困的传导路径中对不同森林资源丰裕区进行了比较分析,据此可以对我国不同森林资源丰裕区提供全面、系统的评价和优化路径。

1.5 本研究的创新之处

(1)将资源诅咒的研究领域由点资源扩展到散资源(森林资源)。在考虑区域空间相关性,并控制人力资本、物质资本等区域经济发展要素的情况下,不同时期、不同区域内,森林资源与经济增长率之间的关系是复杂的,但整体来看森林资源并未阻碍经济增长。具体来看,在 1986—2012 年间,我国整体样本及不同森林资源丰裕区样本检验结果均显示,森林资源与经济增长显著正向关;而 1986—1998 年以及 1999—2012 年间的分段检验显示,森林资源与经济增长的关系发生了变化,在 1986—1998 年间,两者呈负向关系,除森林资源丰裕区外,其他样本均不显著;而在 1999—2012 年间,森林资源与经济增长显著正相关,这种变化是由于林业产业政策对森林资源由开发利用转为资源保护,进而降低了区域发展对森林资源的依赖而产生的。

(2)对不同森林资源丰裕区森林资源差异及相对贫困进行了测度。结果显示,不同森林资源丰裕区森林资源差距明显,森林资源不丰裕区森林资源丰裕程度仅为森林资丰裕区的 14.84%。不同森林资源丰裕区森林资源变化趋势不同,森林资源丰裕区森林资源呈现先下降后上升的趋势,拐点出现在 1998 年左右,而森林资源不丰裕区森林资源则呈现出逐年上升的趋势。

相对贫困综合指数显示,森林资源不丰裕区相对贫困综合指数为 1.2344,小于森林资源丰裕区的 1.5208,说明森林资源丰裕区相对贫困更为严重,从各区域相对贫困的发生广度和深度来看,森林资源丰裕区相对贫困发生规模显著大于森林资源不丰裕区,相对贫困的深度也更为严重。

(3)基于相对贫困的分解对不同森林资源丰裕区相对贫困的传导路径进行了探索。从相对贫困的分解可以看出,经济增长及收入分配的是区域相对贫困的主要传导途径,其中收入分配是相对贫困的重要原因。结合区域要素配置对区域经济增长及收入分配的影响可得以下结论:首先,各生产要素对不同森林资源丰裕区的影响存在一定差异;在森林资源不丰裕区内,经济增长因素主要通过其间接作用即通过影响收入分配作用于相对贫困,而在森林资源丰裕区内,经济增长因素的直接作用更强。其次,在不同森林资源丰裕区内,对外开放都是加大相对贫困的重要原因,但其对森林资源丰裕区的作用程度更大。再次,森林资源丰裕度在不同区域内扮演角色不同,在森林资源丰裕区内,森林资源丰裕度主要通过拉大区域内收入分配差距,从而加重区域相对贫困,并可对相对贫困进行 40% 以上解释;而在森林资源不丰裕区内,森林资源丰裕度则主要体现为对收入分配的缓解,进而缩小区域相对贫困。

第二章 相关理论基础

从资源诅咒的视角研究不同森林资源丰裕区相对贫困传导路径,本质上是探索包括森林资源在内的区域要素配置对区域经济增长以及区域收入分配的影响,并最终作用于相对贫困的路径研究。而区域经济增长及收入分配的影响因素有很多,物质资本、人力资本、对外开放等都可能在不同程度上影响区域经济增长或收入分配,为了深入分析各要素可能的作用,本章从三个层面对资源经济相关理论进行了论述:首先,通过对区域经济发展理论的梳理,从宏观上判断影响区域经济发展的影响因素;其次,考察资源对经济的影响可以先验的判断森林资源在经济增长过程中所起到的作用,为后面的实证提供理论基础。再次,从贫困的相关理论出发,可以找到影响区域相对贫困的原因,也为森林资源丰裕区相对传导路径提供了可视的基础。

2.1 区域经济发展理论

区域经济发展理论是一个理论的汇总,包含多个流派以及多种观点。从不同角度可以对区域经济发展理论进行不同类型的总结和分类,如费里德希·李斯特(1841)、罗斯托(1960)、威廉姆逊等(1965)通过梳理研究区域的经济发展历程,将区域经济发展理论按时间进行了阶段性分类。美国经济学家弗里德曼(1972)、伯吉斯等(1925)则从空间结构的角度对区域经济学进行总结。从区域经济发展的角度看待贫困问题,其实是从战略的高度对区域经济发展的不平衡性进行研究,依据这一思想,我们对区域经济发展的经典理论进行了回顾和总结。

2.1.1 平衡发展理论

平衡发展理论的理论基础是哈德罗-多马新古典经济增长模型,该理论的核心思想是区域内所有部门和地区应该并驾齐驱,平衡发展。因为单一增加某一产业的投资或者提升某种要素的投入,可能在短时间内能促进某些产业和要素的收益;然而,由于区域内各经济要素以及产业间存在相互依赖和互补的特性,其他产业和要素则会对区域经济产生阻碍作用,最终将导致整体区域经济发展的举步维艰。这一理论中又包含两种经典的理论,其一是罗森斯坦·罗丹的大推进理论,其二是纳克斯的平衡增长理论。

大推进理论是基于市场出清的视角进行发展的,该理论的核心是对区域内所有部门尤其是互补部门同时投资,以促进各部门的平衡增长进而推动整体区域经济发展。这种均衡投资作用可以在两个层面进行解读:一是产品需求市场的均衡,避免因需求不足而造成对经济的阻碍;二是供给市场的均衡,既可消除供给不足对经济发展的限制,又可以降低供给部门的生产成本,增加部门利益。

平衡增长理论是纳克斯等人以"贫困恶性循环"为基础提出的区域经济增长理论。他们认为落后区域一般存在两种贫困的恶性循环,一是消费市场需求不足带来的恶性循环(低收入—需求不足—投资预期差—资本不足—低生产率—低收入);二是资本市场供给不足引起的恶性循环(低收入—低储蓄—资本不足—低生产率—低收入)。该理论认为,在这两种恶性循环中,资本不足是关键,而资本不足又是因为决定投资预期市场的有效需求不足引起的,改善这一状况可以从供给出发,通过在各产业、各部门进行均衡、有比例的投资,施行一揽子计划,利用供给创造有效需求,从而实现产业及区域经济的协调发展。

2.1.2 非平衡发展理论

平衡发展理论为区域经济发展提出了各产业及部门均衡发展的思想,同时,对区域的贫困状况给出了解释,该理论认为贫困存在一定的陷阱,供给不足和需求不足都会让区域陷入贫困陷阱中。然而这一理论也受到了许多经济学家的质疑,以赫希曼为首的不平衡论者认为,区域之间的要素禀赋不同,某些地区并不具备产业和地域全面增长的条件,理论上的平衡增长几乎不能实现。社会经济的发展要根据不平衡发展的规律,在不同时期要选择支配全局的重点地区、重点部门发展经济;在不同区域要依据自身的比较优势,选择边际收益相对最大的重点产业进行发展。本书对非平衡发展理论中具有代表性的理论进行了梳理。

2.1.2.1 增长极理论

增长极理论最初由法国经济学家佩鲁提出的,缪尔达尔及赫希曼等经济学家在此基础上进行了丰富和发展。该理论吸收了物理学"磁极"的概念,并利用这一概念进行阐述,认为经济空间类似物理学中的"磁场",存在着不同的"磁极"也即经济空间中由产业部门或区域组成的增长中心,这些中心在这一理论中被称作增长极,它们以市场、政治、文化等各种形式对经济空间中的其他个体产生吸引力或排斥力。

增长极理论的核心观点是区域经济发展的不平衡性,应该优先发展具有规模较大、增长速度较快、与其他部门相互关联效应较强等特点的增长极,进而通过增长极横向或纵向的扩散渠道,带动区域经济的整体发展。根据地理区位及点、线、面的关系,又有经济学家在继承增长极核心理论的基础上将这一理论扩展为点轴理论模式及网络开发模式等。

增长极理论描述了区域发展过程中增长极的两种效应。一是极化效应,也即增长极对外围地区的阻碍作用,这种作用一般出现在增长极形成的过程中以及增长极发展的初期。在增长极形成的过程中,区域内经济要素会形成地理上的极化,产生集聚经济,进而形成产业或部门的高利润,吸引更过经济要素的集聚,进一步加强增长极的极化效应;在增长极发展的初期,增长极因其存在利润优厚,市场需求日益扩大等特征,可以为投资者提供良好预期,同时能够满足个人多样化需求的就业机会及工作环境。因此可以实现对外围地区物质资本、人力资本、储蓄、科技创新等经济发展的核心要素的吸引,形成极化效应。

增长极的另一种效应是扩散效应,这一效应描述了增长极对周围地区经济发展的促进和推动。当增长极发展到一定阶段,会面临两大问题,一是过剩的资本积累,二是要素成本的增长,为了维持和增加利润,增长极会向要素成本更低的周围地区输出过剩资本,从而形成经济发展在地理上的扩散,使先前的周围地区形成新的增长极,实现各种生产要素在不同增长极之间的均衡分配,缩小区域间经济差距。

在实际区域经济发展中,若增长极的扩散效应强于极化效应,则可实现增长极与外围地区协同;反之,则会导致增长极地区越来越发达,外围地区越来越落后,造成严重的区域相对贫困。一般认为,短时间内,增长极的极化效应更为明显,区域间经济差距会日益扩大;而在长时间内,增长极自身的"聚集不经济",使其扩散效应更为突出,地区间经济发展差距也将缩小。

2.1.2.2　区域分工理论

区域分工理论从效率最优的角度来阐述区域经济发展,其核心思想是利用区域资源、劳动力、资本等生产要素的优势进行专业化生产,形成区域间有差异的分工和贸易格局,依照这一思想,各地区可实现效率的最大化。

斯密的绝对优势理论是区域分工理论的先驱。他认为,任何国家或地区都存在生产条件上的某种绝对优势,依托这种优势进行专业化生产,再通过贸易交换,可实现各地生产要素利用率的最大化。李嘉图在绝对优势理论基础上提出了比较优势理论,他认为分工的实现是基于区域比较优势而非绝对优势。比较优势理论认为劳动是唯一的生产要素,产生比较优势的原因是各国家和地区之间劳动生产率的不同,各个地区在对外贸易中应生产和出口自身具有比较优势的产品,而进口不具比较优势的产品,从而可实现资源的有效利用。赫克歇尔和俄林放宽了李嘉图模型中劳动是唯一生产要素的假设,创建了要素禀赋理论。该理论认为不同生产要素在不同国家的资源中所占比例不同,而它们在不同产品的生产投入中所占比例也存在差异,这两者之间的相互作用是区域间分工的基础。要素禀赋理论认为在完全竞争市场、不同产品生产要素比例不同、不存在规模经济、要素禀赋量既定且充分利用的假设下,不同国家和地区应生产和使用相对充裕要素的产品,进口那些密集使用相对稀缺要素的产品,从而使各地均处于有利地位,形成合理的区域贸易分工。

从绝对优势理论到比较优势理论再到要素禀赋理论,区域分工模型有了一定进步,但仍然存在固有的缺陷。

首先,这一系列理论假设与实际并不相符,主要表现在以下几个方面:一是比较优势理论中对生产要素不能在区域间自由流动的假设。在经济全球化的背景下,区域经济的发展不仅可以从本地区获取资源,还可以通过国际市场进行资源配置,来缓解和弥补自身生产要素的不足,从而突破某种生产要素对自身经济发展的限制。二是比较优势理论中完全竞争市场、不存在规模经济等假设。这些假设与实际情况相去甚远,在现实中完全竞争市场是不存在的,完全依靠市场对区域进行经济的调节往往会存在失灵的情况,而政府的参与对区域经济的发展至关重要。Young(2000)以及林毅夫(2003)研究发现中国地区性倾斜政策以及地区性的市场保护政策对区域经济发展影响至关重要,是区域差距的重要原因;除此之外,在经济发展中规模经济与技术的进步都可以显著促进区域经济发展,随着科技的进步,技术对劳动力以及其他生产要素的替代作用也越来越明显。

其次,从绝对优势理论到要素禀赋理论都只从供给的角度对区域经济发展给出了解释,而忽视了需求的因素,将产量等同于销量,与买方市场的趋势不符(舒胜兰,2008)。

再次,比较优势理论只考虑了劳动生产率对比较优势的影响,而要素禀赋理论则只考虑了要素价格对比较优势的影响,未将两者进行结合是两种理论解释力不足的重要问题。

除了理论上的缺陷外,在现实中许多以比较优势理论为指导,执行比较优势战略的国家更多依靠自身自然资源、劳动力资源优势参与国际分工,使其陷入低附加值的初级产品的生产加工环节,并且由于初级产品需求弹性较小,出现了贸易条件恶化和贫困化增长的现象,学者们将这种现象称为"比较优势陷阱"(王佃凯,2002)

针对以上问题,波特从产业的角度对区域经济发展进行了可具操作性的研究,提出了竞争优势理论,该理论将区域竞争优势抽象为六大要素,主要包括生产要素(包括人力资源、自然资源、知识资源、资本资源、基础设施)、需求条件(即本国市场对该项产业所提供产品或服务的需求如何)、相关产业和支持产业的表现(这些产业和相关上游产业是否有国际竞争力)、企业的战略结构和竞争对手、机遇因素以及政府作用。这六大要素相辅相成,相互影响,只有各要素形成统一整体,才能体现区域及产业的竞争优势。例如,某区域可能具有某种生产要素比较优势,但因为其他要素在竞争中处于劣势,可能并不具备该产业的竞争优势,因此,区域或产业应该在本区域的竞争优势上进行发展和扩张。

竞争优势理论在一定程度上是对传统比较优势理论继承,该理论以产业为例,描述了产业发展的生命周期特征,即产业发展会延续"生产要素推动—投资推动—创新推动—财富推动"的发展历程进行。在生产要素推动阶段,丰富的自然资源和廉价的劳动力是区域内产业的优势来源,这一阶段是对传统比较优势理论的继承;资本和创新推动阶段是产业发展的黄金时期,产业的发展和进步主要依靠资本要素和科技创新因素;依靠财富推动阶段,说明产业的竞争力已经到了生命末期,经济发展缺乏持续竞争能力。

从波特的竞争优势理论中我们可以看出其对时间以及经济发展综合因素的重视。在不同的区域发展时期资源对经济的影响作用是有差异的,在依托资源优势发展区域经济的过程中,如果不能合理、妥善的进行资本积累,找到经济发展的其他动力,则区域经济的发展历程就容易陷入比较优势的陷阱,并且形成一种对资源经济的路径依赖,从而造成不同区域之间的经济发展差距。除此之外,区域经济发展的动力是多方面的,考察资源对区域经济影响的同时,不能忽视其他要素的影响。

2.1.3 经济增长模型变迁下的区域经济理论

从经济增长模型的变迁中,我们可以从理论上认知影响区域经济增长的核心要素。

纵观经济增长理论的发展大致可以分为以下几个阶段：

2.1.3.1 古典经济增长理论

古典经济增长理论认为经济增长是劳动人数的增加以及劳动分工综合作用的动态过程,这一理论强调劳动在财富增长中的作用,正如亚当·斯密在《国富论》中所说"劳动是财富的源泉,分工引起的劳动生产率的提高和生产劳动在全部劳动中所占比例是决定国民财富增长的主要因素",而生产劳动则依存于资本积累的数量。如果国民收入用于生产劳动的比例越大或者劳动生产率越高,则国民收入的增长率速度越快。这一理论的另一代表人物李嘉图则围绕收入分配对经济增长的影响展开研究,在考察了工资、利润和地租等影响分配比例的因素后,李嘉图认为由于土地数量有限,随着人们对土地产品需求增加,土地利用会逐渐向肥力较低的土地发展,土地产出的增加越来越少,从而出现边际收益递减现象,这会导致土地价值提升,劳动力工资上涨,进而提高资本家的生产成本,降低资本的利润等一系列连锁反应,最终导致资本积累停止,长期经济增长趋势必将在收益递减规律的作用下停止。

古典经济学理论将资本、劳动力、土地纳入了区域经济增长的范畴,同时也注意到了自然资源对经济增长的特殊影响,为经济学模型的发展打下了基础。但受限于社会背景,该理论模型重点将农业经济作为主导,并认为因土地肥力递减而最终会造成区域经济发展不可持续。这一理论并未能考虑技术进步等其他生产要素对土地的替代作用,应用范围相对有限。

2.1.3.2 新古典经济增长理论

（1）哈德罗-多马模型

哈德罗-多马模型的建立开启了数理方法研究经济增长理论的先河。在该模型中,经济增长率取决于储蓄率和资本产出比。"经济实际增长率必须等于资本家意愿投资水平决定的增长率,必须等于实现持续充分就业条件下的经济自然增长率",只有在满足这一苛刻条件下的区域经济才能实现长期稳定的增长,而这一条件只有在偶然条件下才会相等,因此,现实经济极易受到偶然因素的干扰,从而偏离均衡增长路径。

（2）索罗-斯旺模型

索罗-斯旺利用新古典形式的生产函数对哈德罗-多马模型进行了改进,在假设规模报酬不变,各投入要素报酬递减,且各投入之间具有某种正的替代弹性的基础上,他们将这种生产函数与不变储蓄率相结合,构建了一般均衡经济模型。该模型对哈德罗-多马模型中资本产出比不变这一与经济增长不符的假定进行了调整,认为资本系数可变,从而避免了哈德罗-多马模型中经济增长不稳定的现象。

该模型对区域差距具有乐观的估计和预测,认为每个经济都将趋于自身的均衡稳定状态,并且收敛速度与其离稳态的距离成反比;在假定一国各区域经济稳态相同的情况下,各区域的经济差距也将逐渐缩小。在对经济增长的长期持续性进行解释的时候,该模型引入了外生的技术进步因素,并认为经济体系的持续增长只有在外力的作用下才能实现,这种外力可能是外生的技术进步,也可能是人口的持续增长,只有在这种情况下,经济才能稳定增长。

2.1.3.3 内生增长理论

内生增长理论放弃了新古典经济增长理论中技术进步外生的假定,认为经济增长是由内生的经济变量所决定的。罗默和卢卡斯等经济学家是该理论的代表人物。

(1)罗默-AK模型

在新古典经济增长理论中,资本的边际报酬递减规律限制了区域经济增长,这种递减规律是在技术进步和劳动就业同时被假定不变的情况下一个不可避免的特征。然而,罗默等认为在资本之外,其他决定经济增长的因素如技术的进步会随着资本的增长而自动同比例增长,从而可以抵消资本边际报酬递减的效果,使资本的产出比保持稳定,在这些理论指导下的模型被称为AK模型。该模型的核心思想是:技术和经济增长中其他生产要素一样,属于资本品,它可以通过研发以及其他知识创造活动进行积累,可以在长时间内进行存储,并且在生产过程中不存在折旧。通过引入知识的外部积累,罗默等将经济增长中的技术进步内生化了,在现实中,这一思想也得到了很大的应用。舒元等(2002)通过对我国1952—1998年经济增长数据的模拟和研究发现,相比其他经济增长模型,AK模型可以更好地刻画我国这一时间段的经济增长。

尽管AK模型可以解释一定的经济增长现象,但是在其对技术内生化的过程中,并未在模型中说明技术进步的来源,为了完善这一问题,罗默在不完全竞争的假设下,设定了均衡增长模型。该模型中引入了中间产品环节和不完全竞争以及垄断租金,模型假设中间产品环节是垄断竞争的,存在规模报酬递减,每一个进入新的中间产品的企业必须支付开发产品的成本,而该成本由垄断租金补偿,模型的最终产出是由劳动和中间产品共同决定的。这种假设下的模型说明了技术进步的来源,并且对垄断竞争的假设也更符合实际。

(2)卢卡斯-人力资本积累模型

卢卡斯通过构建物质资本和人力资本两部门内生经济增长模型对经济增长做出了解释。模型认为在生产活动中只有人力投入,而无物质资本投入,每个个体在每个时期选择如何在当前生产和获取技能之间分配时间,对技能的获取可以提高未来时期的生产能力。卢卡斯认为经济增长的决定性因素和区域发展的源泉是人力资本的积累,人力资本增值越快,部门经济产出越快,人力资本的增值越大,部门经济产出越大;同时,人力资本的积累具有正外部性,并且人力资本存量越高,这种外部性越强,反之,则越弱。

在这一理论的指导下,国内外许多学者对人力资本在区域经济增长中的作用进行了关注。Park J(2006)的研究发现,教育投资应该侧重于分散投资,才能够促进经济增长;Garcia Penalosa C(2004)则采用教育基尼系数验证了教育不平等和教育平均水平会增大经济总量风险;Weil(2005,2007)分别从宏观跨国数据和个人微观视角验证了健康人力资本有助于改善国家间的人均产出差距和收入差距。此外,人力资本还可以缩小对区域全要素生产率的差距,进而影响经济增长(刘智勇,2008;许和连,2006)

2.1.3.4 其他区域经济增长研究

除了在经济增长理论中对区域经济增长的关注,国内外众多学者还从单一生产要素方面对区域经济增长进行了阐述。这主要表现在以下几个方面:

一是从制度角度解释区域经济增长的差距,如文雁兵等(2010)、孙斌栋(2007)等证实了制度对我国经济增长的作用。黄晖(2013)认为有效率的制度能够改善区域内生产要素的配置效率;有效的区域制度可以吸引区域外的生产要素。除此之外,有效的制度可以激励区域劳动力和企业家创新。通过这些途径,高效率的制度可以促进区域发展,有差别的制度效果是影响区域差距的重要原因。

二是从金融发展与区域经济增长的角度来分析区域经济差距,大多研究认为区域金融的发展可以促进经济增长(周立,2002)。在实证检验中金融发展也可作为考察区域经济发展的重要变量,刘璟等(2010)利用广东省1985—2007年数据研究发现金融是广东省经济增长的Granger成因,但两者并不协调,广东经济增长没能有效带动金融发展。石盛林(2011)基于两部门生产函数模型,利用我国东部、中部、西部县域宏观数据,对区域经济增长以及其金融发展做了格兰杰因果检验,结果表明在东、西部县域内金融发展和经济增长呈现相互因果关系,而在中部县域相关关系不明显。伍艳(2012)通过对我国2001—2010年农村金融发展与贫困发生率的研究发现,农村金融的发展可以显著降低贫困发生率。

三是验证区域基础设施的完善程度对区域经济发展影响。这些研究认为区域内公共基础设施的改善有利于本地经济发展(周亚雄,2013)。而区域之间公共基础设施的改善有利于发达地区,并使区域差距区域扩大。因此,相对于落后地区,发达地区对于公共基础设施的改善更具有主动性,而落后地区对于基础设施的改善具有被动型;只有当落后地区的基础设施水平远高于发达地区时,才可能实现对发达地区的超越。并且,公共知识基础设施具有很强的空间溢出效应,能够提高全社会的经济增长率和福利水平。

2.1.4　区域经济增长理论的简要述评

了解区域经济增长模式及动力是考察区域相对贫困传导路径的重要措施,通过对已有区域经济增长理论的梳理,我们可以得到以下启示:

(1)区域贫困状况受区域间经济增长模式的影响,区位空间结构是分析区域贫困的重要因素。区域不平衡发展理论中增长极的存在以及区域分工的差异都会影响区域间及区域内部贫困结构的差异,考察贫困问题需要控制空间区位的相互影响,孤立的考察单一区域的贫困变迁难以得出令人信服的结论。

(2)区域经济增长理论的变迁说明了影响区域经济增长与收入分配的因素是综合性的。从区域经济增长理论的变迁中可以看出各理论在对区域经济增长的分析中各有侧重,从最初对资本积累以及劳动因素的关注,到对技术进步的重视,再到对人力资本、制度因素的考察,再到引入储蓄发展及基础设施的影响,经济学家从各个方面对区域经济发展的解释做出了研究,这些研究从经济增长以及收入分配两个层面为探索不同森林资源丰裕区相对贫困的传导路径打下了基础,对区域经济增长要素的考察为下文的分析提供了很好的借鉴。

2.2　资源经济相关理论

自然资源禀赋对区域经济的影响是多方面的,关于资源福音或是资源诅咒的争论一直难以平息,不同资源具有不同的特征,其对经济影响也是有差别的。

2.2.1 资源福音相关理论

自然资源是经济增长的基础,自然资源禀赋是区域生产力发展的重要组成部分,是区域经济发展的基本要素之一,对经济增长有正向促进作用,主要表现在以下几个方面:

2.2.1.1 自然资源是经济增长的基础和客观条件

自然资源是区域空间的物质基础,自然资源的丰缺及优劣程度决定了区域生产生活环境。在区域经济发展的历程中,作为初级生产资料的自然资源是大多经济体发展的初始动力,世界上许多国家的发展都在丰裕的自然资源中获益,如博茨瓦纳、加拿大、澳大利亚、挪威等,这些国家的发展历程都证实了自然资源在区域经济增长中的基础性作用(Halvor Mehlum,2002)。

任何经济的发展都不是凭空进行的,自然资源为经济发展提供了空间和必要的物质资料,无论是农业初级产品还是多种多样的合成材料,都来自自然界的生物或非生物资源这个巨大的材料库。总之,自然资源是自然界提供的生产前提和再生产条件,区域经济增长不能脱离自然资源的影响孤立进行。正如恩格斯描述的那样,财富是由劳动和自然界共同组成的,自然界是劳动的基础和对象,劳动将自然界提供的资源材料变成财富。

2.2.1.2 自然资源丰裕程度的差异会影响产业内的劳动生产率

在其他条件相同的情况下,将自然资源作为生产要素的产业会因自然资源丰裕程度的差别而产生不同的劳动生产率。在农业产业领域,土地肥沃程度,水利资源以及地理气候因素是决定劳动生产率的重要条件,在不考虑其他因素影响的情况下,同样的农业劳动时间在优质土地上的收益将显著大于贫瘠土地。不仅农业产业如此,在以自然资源为生产资料的其他产业内部,优质的自然资源可以减少劳动的加工环节,缩短生产时间,提升劳动效率;除此之外,在不同的资源优劣情况下,相同的劳动时间的产出也是有差别的。

自然资源丰裕区一般为生产资料的产地,会因生产成本的相对优势而吸引同质企业和上下游产业的加入,从而形成产业集聚区。随着人们对资源利用的深化以及资源稀缺的凸显,科技研发及应用会在区域内部加速;不仅如此,长时期对相同自然资源的接触,会产生独具特色的生产生活文化,这种社会资本会加快区域内劳动力对资源产业的学习能力,随着人力资本的加强,区域劳动生产率会显著提升。

2.2.1.3 自然资源可以促进物质资本的积累

从经济增长理论中可以知道,物质资本的积累是区域经济发展的重要条件,也是区域内部产业结构升级的必要条件。在区域经济由第一产业向更高级产业转变的过程中,通常只有资本积累到一定程度,这一进程才能顺利进行。理论上,区域内部丰富的自然资源可以产生大量的资源收益,在不考虑其他因素影响的情况下,资源收益可以通过储蓄和直接投资的形式促进区域内部资本的积累;资源税收也可以加强区域公共设施的建设。从国内外区域经济历史发展的经验来看,大多地区都是依靠自然资源完成了资本的原始积累,如英国资本主义发展过程中的资本积累就是通过国内的圈地运动以及在国内外寻找并开发金银等矿产资源的手段进行的。我国工业化初期的发展也是通过控制工农业价格剪刀差的手段，实现的必要资本积累。

2.2.2　资源诅咒假说

理论上，自然资源越丰裕，区域经济发展越快，但是在现实中，许多自然资源丰裕的国家并没有出现预期中快速经济增长的态势。相反，自 20 世纪 80 年代以来，越来越多自然资源丰裕国家和地区，其经济发展速度落后于资源匮乏的国家或地区，这种现象引起了经济学家的注意，国内外大量学者在国家和地区间对这一现象展开了论证（Leite，Weidmann，2002；Lane，Tornell，1996，1999；Gylfason，2001；Martin，Subramainan，2003，Papyrakis，Gerlagh，2004；Eugenio Figueroa，2010；徐康宁，王剑，2006；胡援戍，肖德勇，2007；邵帅，齐中英，2008；胡华，2013）。从以上研究中可以看出，丰裕的资源不仅对区域经济增长速度有影响，对区域收入差距也有显著影响（Auty，2001）。针对资源诅咒的可能性原因诸多学者也按各自理解给出了不同的解释，总结起来，可以用以下几个方面的理论进行描述。

2.2.2.1　自然资源造成资源产业的路径依赖

区域产业结构的形成在很大程度上受制于区域的自然资源状况。区域采矿业及林业的分布几乎都与相应的矿产资源、森林资源相一致，丰富的自然资源可以直接成为资源产业的劳动对象，为产业的发展提供得天独厚的优势。凭借所特有的比较优势，资源丰裕的经济体倾向于将大量资本投资于资源领域，在短期内出现资源的虚假繁荣。不少资源丰裕经济体还会以此为基础，大力延长产业链条，集中优势资源发展具有高耗能、大耗材的后续加工产业，这些产业的形成，会加重区域经济对资源的依赖，并会形成大量的沉默成本，增加了产业转型以及产业结构升级的难度。另外，尽管资源产业存在大量收益，但其在区域内的分配并不均匀，具有垄断特征的资源产业受益往往集中在少数人手中，资源利润难以进行合理均衡的分配，加重了区域间收入分配差距。区域内少数人往往可以通过各种手段获取资源额外收益，这部分人会增加自身非理性消费，这一消费需求又会刺激服务业等第三产业的增加，区域内部的生产生活成本会进一步提高，这种变化会加重区域内部贫困人口的生活压力，进而造成严重的相对贫困。

资源产业的比较优势（体现为成本优势）难以转化为竞争优势。随着交通运输条件的改善，生产要素在区域之间可以自由流动，形成各区域大致相同的市场价格，资源丰裕区在要素投入方面的成本优势进一步缩小，以资源产业作为地区优势进行区域经济发展，就会落入"资源优势陷阱"。另外，资源产业多处于产业链的初始阶段，技术附加值较低，并且许多资源产品的需求弹性较小，在与其他经济体的贸易中，资源产品的贸易条件将逐渐恶化，从而造成整体经济增速的减缓。

除此之外，资源产业往往具有垄断性质，在资源产业发展壮大的过程中，会吸收区域内部有限的人力资本、物质资本等生产要素，造成区域内非资源产业的发展动力不足，造成区域内产业结构过于单一化，削弱了区域产业的综合竞争力，进而影响了区域经济的可持续发展，形成资源诅咒的"荷兰病效应"。

2.2.2.2 自然资源的挤出逻辑

资源诅咒的另一个解释是资源的存在会挤出促使经济增长的其他经济要素。这种挤出效应主要表现在两个方面:一个方面是对区域内部经济增长要素排外性挤出,表现为长期资源性产业的依赖对人力资本及科技创新的需求不足,在区域内部形成一种故步自封的文化氛围;资源收益也会滋生区域劳动力的懒惰思想,从而产生了对具有创新思想企业家的排挤。另一个方面表现在对要素配置的影响,资源产业的垄断性利润会提升劳动力和其他生产要素的边际报酬,使非资源产业的生产要素更多倾向资源产业部门转移,降低了要素配置效率,同时还会造成非资源部门生产成本增加,加速了其他产业在资源丰裕区的退化。

对人力资本和科技创新的挤出是资源丰裕区资源诅咒的重要原因,这种挤出与资源型产业的特征有关,资源产业的生产和加工方式往往是粗放型的,对劳动力的技能掌握并未有太高要求,相比其他加工制造业,不管是对人力资本的需求还是人力资本的投资回报率,都存在较大差异,这种生产特点决定了资源型产业对人力资本积累的内在动力不足。在一些资源丰裕的区域,投资人力资本的预期收益远低于其教育支出,人们通过教育改善人力资本的需求较低,不仅如此,这种氛围也自然形成对高知识水平群体的排挤,造成高学历,高技能素质的劳动力外流,科技创新的能力也大大降低。由现代经济增长理论可知,区域经济增长的重要动力来自人力资本的增加和科学技术的创新,而资源产业的扩张挤出了区域经济发展核心要素。

除此之外,在一定时期内,资源收益是相对稳定的,人们对资源收益的预期,会增加人们对当前的消费,而减少对未来发展的储蓄,从而降低区域储蓄对投资的转化,这也是造成资源丰裕区经济增长速度较低的原因之一。

2.2.2.3 自然资源丰裕区先天劣势

自然资源丰裕区往往具有地理环境较差或交通不便等特征,较差的地理环境使基本的生存条件不具优势,交通不便使区域发展的对外交流较弱,难以通过其他区域增长极的快速发展带动自身的经济增长。另外,地理条件的差异也决定了区域自然资源能否转化为可用的经济资源及其转化程度。

除了上述特点,自然资源的开采还具有外部不经济性的特征。资源丰裕区进行资源的开采和出口,是以牺牲地区生态环境为代价进行的,在资源的市场交易中,这种损失并未通过资源的价值体现,这种外部不经济性会给资源丰裕区造成巨大的经济损失。随着资源开发的持续进行,环境保护的压力加大,生态环境总体恶化,区域的比较优势将不复存在;并且,较差的生态环境会降低区域生产要素的配置效率,阻碍区域资本积累的形成,一方面会出现资金转移和人才外流的情况,另一方面,不良的生态环境难以吸引外部的资金和企业家的进入。资本积累不足,又进一步强化了对资源产业的依赖,制约其产业结构的调整和升级。

2.2.3 森林资源经济相关理论

2.2.3.1 森林资源特殊性质

森林资源具有一般自然资源的性质,但也具有不同于煤、石油等点资源的特征。首先,森林资源地理分布比较分散,与点资源不同,森林资源的分布范围较广,所涉及区域地理面积较大;除此之外,森林资源"散"的特征还说明了森林资源的直接相关人较多,森林资源与耕地资源类似,有大量拥有者,受益群体比较大。其次,森林资源产权复杂。森林资源自身的复杂性决定了林权是由森林、林木和林地三者权利的组合,三者相互分离而又相互依赖,组成复杂的统一体(戴芳,2013)。再次,森林资源社会生态效益明显,在防风固沙、涵养水源、吸收碳汇等方面发挥着重大的社会生态功能,这一功能可以通过改善区域环境,提升公共设施水平进而来影响区域经济发展,具有明显的正外部性。因此森林资源的存在可以在一定程度上吸收国家投资,进而影响区域发展,这种影响在六大林业重点工程实施之后尤为明显。

2.2.3.2 森林资源经济福音

森林资源可以促进区域经济的发展,这种促进作用可以从以下几个方面体现出来:其一,丰裕的森林资源可以改善地貌并通过减少灾害的发生而提升区域公共设施状况,从而吸引物质资本投资和具有企业家创新才能的人才进入;其二,丰裕的森林资源可以提供就业机会(Linda Roengren,2012),尤其对林区农村经济影响巨大,森林资源可以通过增加林农整体劳动时间来提升总收入;其三,森林资源中非木质林产品以及林木产品可为林农提供持续的收入来源,是应对风险的天然保险(McSweeney,2005),可作为林农的一种自然储蓄;其四,丰裕的森林资源可以吸引更多国家财政补贴和林业基础设施建设投资(张晓静,2009),尤其是1998年之后,这种林业补贴和投资可以间接促进区域经济的增长。

2.2.3.3 森林资源产业不具有区域竞争优势

尽管理论上森林资源可以在区域经济发展中发挥一定作用,但是森林资源产业并不具备竞争优势。这主要表现在以下几个方面:首先,相比较其他产业,林业产业生产效率相对低下,田杰等(2013)指出目前我国林业生产的规模报酬呈现递减状态,林业资金的投入产出效率较低,林业从业人员的投入产出弹性为负,这主要来自两个方面的影响:一是我国林业产业主要以小农生产为主,林业生产存在大量资源浪费,形不成规模优势;二是林业产业的生产效率受制于光、热、水、土壤等自然因素,提升林业产业生产效率的可控性不强(Hausenbuiller,1985)。其次,在林业改革全面开展的过程中,对森林资源的依赖会因高额林业税费及木材价格剪刀差等垄断收益的存在而产生巨大的"转轨成本",从而抑制林业改革,延缓林业发展(谢晨,2007)。再次,森林资源并非区域经济发展的充分条件,从波特竞争优势理论可以看出,区域经济发展是区域生产要素、需求因素、支持性产业和相关产业、企业战略、结构和竞争、机遇和政府等因素组成的价值系统协同作用的结果(舒胜兰,2008),而林业产业受限于自然条件及生产率等因素并不具备产业竞争优势,对森林资源的依赖会限制区域经济的发展。

2.2.3.4 森林资源诅咒条件性及其可能的传导路径

结合森林资源特征及其在区域经济发展中可能起到的作用,森林资源在不同的区域经济发展中所起的作用可能是有差别的。在不同的森林资源丰裕区,区域经济发展对森林资源的依赖程度不同,在森林资源不丰裕区,森林资源自身并不具备比较优势,区域经济发展对其依赖较小,森林资源更多起到的是改善生态环境,提升公共福利的作用,可能会在一定程度上增加区域经济的增长;而在森林资源丰裕区,森林资源的经济作用在区域经济发展的过程中体现得更为明显,而森林资源产业的自身劣势可能导致森林资源在森林资源丰裕区经济发展中的阻碍作用。这种作用可能会通过以下几个方面进行传导。

(1)森林资源收益较低,难以吸引促进经济增长的因素

通过对森林资源的考察,可以发现,由于林木生长的长期性等特点,森林资源不具备矿产资源等隐蔽性的特点,因此由于突然发现自然资源或者自然资源出口突然增加引起的"荷兰病模型"并不适用于森林资源。不过,从另外一个角度考虑,不是林业产业的强势出现或者存在挤出了其他更具规模收益的行业和能够促进经济增长的其他资本因素,而正是由于林业产业占据大量的土地资源,而其收益又较低使得林区难以依靠林业吸引人力资本、技术,以及企业家才能、创新等促进经济增长的各种因素,难以带来资本的稳定和长期积累导致了林区贫困。

(2)经济结构变迁使森林资源丰裕区产生了"路径依赖"效应

国家政策引导作用使得大部分森林资源丰裕区产生了经济结构的调整,然而不少森林资源丰裕区难以应对产业的转换,缺乏应对转换的能力。森林资源丰裕区在国家政策的引导下产生了经济转型,然而以前以销售木材等林产品为主的林区对转型后产业发展的应对能力不足,以国有林场为代表的林区企业在施行改革后难以应对市场风险,林业部门失业增多,这种结构变迁带来的作用也可能是导致森林丰裕区贫困的主要原因。

(3)现存林业政策导致的不平等制造了贫困

森林资源丰裕地区现存政策难以适应市场化的发展也是造成林区贫困的重要原因。制度对林区贫困的影响主要表现为现有制度对林权交易的约束,现有林权制度下林业资源难以发挥最大收益。具体来看,产权通常是由所有权、使用权、收益权和处置权组成的一组权利束。森林资源自身的复杂性决定了林权是由森林、林木和林地三者权利的组合,三者相互分离而又相互依赖,组成复杂的统一体(戴芳,2013)。我国《宪法》规定土地属于国家或集体所有,在市场中可进行交易的仅为林地使用权、林木所有权和林木使用权,这一规定增加了对森林资源价值评估的难度和复杂性。除此之外,目前大多数的林权交易所并非市场化的产物,而是行政力量干预的结果,林权交易所兼顾中介服务和行政管理,并未专注于中介功能,使得其运行成本高于收益,交易机构运营困难。不仅如此,通过林权交易所进行林权交易手续繁琐,耗时更长,交易成本较高,并不被林农所接纳(谢屹立,2012)。政府干预下的林权交易,尽管在初期激励了林权市场,但是,这种措施使得林权需求和供给并未遵循市场规律正常发展,难以形成合理的林业产权的价格机制。林权抵押贷款是林权交易的一个衍生物,理论上林权抵押贷款可以在消除林区贫困问题发挥至关重要的作用。然而目前,由于林权本身法律地位不明、限额采伐等刚性约束的影响,导致质押权人自身权利的丧失;加之林权质押贷款管理滞后等原因,致使林权抵押贷款仍然不能发挥应有的功能(赵悦林,2013)。相反,当下一系列的林业制度安排,反而会加重拥有不同森林资本、经济资本、社会资本的林农之间的不平等状况,这种政策性的排斥也是造成了林区贫困的原因。

（4）市场发育不完善减缓了森林资源丰裕区的发展

市场发育度不完善也是造成森林资源丰裕区贫困的重要原因，这种不完善主要体现在现存的林业消费品及林业生产要素的市场化程度和先后顺序。资源产业中长期存在的局面是：政府对资源市场的干预造成消费品价格领先资源价格的市场化顺序，市场中存在不同类型产品的价格双轨制。具体来看，由于资源所有权属于国家，政府为了实现快速的工业资本积累，会对压低土地以及重要自然资源的使用和开采价格，形成要素市场价格扭曲，而资源加工品则由市场定价，导致资源利益被非资源丰裕区占有，而资源开发成本则由资源丰裕区承担。森林资源作为初级生产部门，主要作为基本生产要素出现在生产资料市场，而在存在生产资料价格滞后消费品价格的价格双轨制下，森林资源的比较优势难以凭借市场因素发挥。除此之外，市场不完善还表现在金融层面，林区的金融市场发展比较滞后，林业投资效率不高，也阻碍了林区经济的发展。

（5）森林资源丰裕区的地理区位状况提高了生产生活成本，加重了贫困

地理区位因素也是导致森林资源丰裕区贫困的重要原因，由于森林资源的生物质特性，森林资源丰裕区一般地处偏远，远离区域内人口、经济以及政治中心。徐康宁（2005）研究发现地理区位会通过市场可达性、交通成本以及技术扩散成本等对经济增长产生影响。现实中森林资源丰裕区的地理区位较差，增加了该区域内居民的生产生活成本；另外，森林资源丰裕区的发展存在一定的滞后性，难以快速通过重要港口城市、中心大城市和三大经济区域等增长极的经济辐射进行发展。

2.2.4 资源经济理论述评和启示

2.2.4.1 资源与经济之间的关系是复杂的

资源经济理论显示，丰富的自然资源是区域经济发展的物质基础，它可以通过提升劳动生产率和促进物质资本积累等途径来改善区域经济发展状况；但区域经济发展的现实状况又显示，资源丰裕地区的经济发展速度往往落后于资源匮乏地区，丰富的自然资源禀赋又存在一定的资源诅咒。

造成这种局面的原因是多样的。一是在资源经济的研究中对资源没有分类，不同资源具有不同的特征，对经济增长的作用并不相同。自然资源根据其分布特征可以分为点资源（煤、石油等矿产资源）和散资源（森林、水、耕地等），不少研究发现相对于扩散性资源（如耕地、森林等），集中性资源（矿产等）更容易产生资源诅咒（Murshed，2002；2003；徐康宁，2005；韩健，2013）。说明在考察资源经济的过程中对资源的细分是有必要的。二是考察资源对经济的影响要区分资源丰裕度和资源依赖度两种作用的影响，邵帅等（2010）认为自然资源对经济影响复杂的原因是因为没有进行资源丰裕度和资源依赖度的区分。资源丰裕程度影响着资源的开采规模以及区域经济发展方向，在一定程度上决定了区域的产业结构。同时，它又是区域经济发展的重要限制要素，对资源丰裕程度进行衡量可以用绝对量以及相对量，也即绝对丰裕度和相对丰裕度来衡量。而资源依赖度是指一国或地区经济对自然资源的依赖程度。与自然资源丰裕度不同，资源依赖度仅能

用相对值指标来衡量。一般情况下,资源产业的规模水平是指标的分子,而分母则表示区域经济总量。相比资源丰裕度,资源依赖更易产生资源诅咒。

2.2.4.2　森林资源资源诅咒存在具有条件性

尽管森林资源具有一般自然资源的特征,但因其分散性、产权复杂性、外部性等特点,其对不同区域经济发展的影响是有差别的;在森林资源不丰裕的区域内,森林资源可以通过提供就业机会,改善区域生态环境等方式提升区域经济状况;而在森林资源丰裕区,区域对森林资源的依赖增强,林业产业的竞争劣势反而可能在一定程度上阻碍区域经济发展。因此,从理论上分析,森林资源资源诅咒的存在可能具有一定的区域差异性。

2.3　相对贫困理论

贫困是一个综合性概念,涉及多学科、多领域,从贫困发生层面可以将贫困问题分为多维贫困和单一贫困,从研究对象区分又可分为区域贫困和个体贫困,从贫困的测定来看又可分为相对贫困和绝对贫困,从我国贫困的现状及其变动趋势分析可知,随着我国经济持续增长,在过去30年间,我国的绝对贫困率下降了近30个百分点,然而伴随着绝对贫困率的下降,中国的收入差距也在逐渐拉大(张茵,2005),相对贫困问题又逐年上升趋势,这种贫困结构的变化在我国区域间表现得十分明显。

2.3.1　相对贫困与绝对贫困差异

(1)相对贫困的解释

贫困的相对性是相对贫困与绝对贫困之间最根本的差异。在一个区域内,相对贫困比绝对贫困的发生范围要广,处于绝对贫困的群体都存在于相对贫困的衡量中。但是相对贫困并不限于此,处于相对贫困中的人群可能并不缺乏维持生命的物质资本,也即在不存在绝对贫困的社会中,相对贫困可能依然存在。两种贫困之间也存在一定的相似性,都是对剥夺的一种解释,相对贫困是相对的剥夺,而绝对贫困是绝对剥夺,两者可以兼存,例如在一个物质奇缺而财富相对集中的社会中,两种贫困将同时出现。

相对贫困更多的是从经济层面对社会不平等的描述,在一个财富分配不均衡的社会中,总有一部分成员处于比较劣势地位,相对贫困即以经济收入为基础对这种社会现象进行统计和描述;在一些粗糙的相对贫困衡量中,社会财富的集中程度及财富分配的基尼系数都曾被用来近似代替相对贫困。

(2)相对贫困与绝对贫困特征比较

阿玛蒂亚·森(1976)在对绝对贫困衡量中对贫困指数的一系列特征进行了描述。首先,绝对贫困应具有聚焦性公理,也即绝对贫困只是针对贫困者的收入,与非贫困者的总体状况无关,贫困线以上人员的收入分布的变动不会影响绝对贫困的变化;然而相对贫困的定义显示,相对贫困是一种相对剥夺,描述的是贫困者与非贫困者二者之间对比,必须将二者相互结合才能衡量相对贫困(李永友,2007),这种现象表明相对贫困并不具备聚焦性定理。其次,绝对贫困的单调性定理,即假定社会中其他成员的收入不变,任何一个贫困者收入的增加或减少都将降低或者恶化整体贫困程度,贫困指数也将下降或上升,相对贫困同样应该满足这一定理,当相对贫困者的收入减少时,贫困群体与非贫困群体之间的收入差距相应拉大,相对贫困的状况也更为严重;反之,则会缓解。再次,绝对贫困的转移性定理,该定理显示,假定社会总收入不变,而将贫困者的一部分收入转移给非贫困者,在这种情况下,社会贫困程度将增加。这一描述详细表述了相对贫困差距化增加的过程,同样适用于相对贫困。

2.3.2　相对贫困指数及其测定

相对贫困的测度与绝对贫困类似,都可以从贫困的发生规模、贫困深度以及贫困的综合指标三个层面进行衡量。下面对常用贫困指数及相对贫困指数进行解释和说明。

2.3.2.1　常用贫困指数

(1)贫困发生率

贫困发生率又可称为贫困发生广度,是指贫困人口与总人口的比例,其计算公式为:

$$H = \frac{q}{n}$$

其中,H 为贫困发生率,q 为贫困人口数,n 为人口总数。H 反映了一个区域贫困的发生规模和密度,是贫困衡量中最常用的指数,其计算方法简单。但是该指数仅仅描述了贫困的一种特征,对贫困内部的发生强度以及贫困的综合作用都不能进行代替,阿玛蒂亚·森(1976)将这一指数称作"相对粗糙的指数"。

(2)贫困缺口指数

贫困缺口测度的是贫困强度,体现了消除贫困的难易程度。贫困缺口指数可用贫困缺口总额、平均贫困缺口和贫困缺口率三个指标来表示。因贫困缺口率指数不受贫困区域大小、测量人数等限制,并且可以用来进行贫困比较而广泛应用,该指数可用实际贫困缺口总额与理论最大贫困缺口总额的比值表示,具体公式为:

$$I = G/(qz) = \frac{1}{q} \sum_{i=1}^{q} \left(\frac{z - y_i}{z}\right)$$

公式中 I 表示贫困缺口率,G 表示贫困缺口总额,q 为贫困群体数量,z 代表了贫困线标准,y_i 为第 i 个贫困成员的收入。尽管该指标可以体现消除贫困所需的资源大小,但也存在一定缺陷,因为假定贫困线以及贫困人口总数一定,该指标只与贫困群体平均收入相关,并不能反映贫困群体内的收入变动。洪兴建(2005)认为这一指数对贫困内部情况的探测不敏感。

(3)FGT 贫困指数

FGT 指数是在 Sen 指数基础上进行的改进,是一个反映贫困状况的综合性指标。可用以前公式进行计算:

$$FGT_a = \frac{1}{n} \sum_{i=1}^{q} (\frac{z - y_i}{z})^a$$

公式中区域人口总数用 n 表示,贫困群体数量表示为 q,z 以及 y_i 则分别表示贫困线数值及第 i 个贫困者的收入,a 是贫困厌恶指数,对贫困厌恶程度越高,a 取值越大,一般情况下 a 的取值都大于1。

FGT 指数的综合型较高,可以整体表征贫困状况,但是它并不具备很强的直观解释能力,而该指数的分解可以深入了解贫困的发生规模及深度等特征。具体来看,当 $a=0$ 时,$FGT_0 = H$;当 $a=1$ 时,$FGT_1 = HI$;当 $a=2$ 时,$FGT_2 = H[I2 + (1-I)2C2]$,其中 C 表示贫困群体内部的收入变异系数,可用来拟合贫困深度。以上公式显示 FGT_2 的公式包含了贫困的广度及深度等特征,可以用来反映贫困的综合状况,在对贫困的研究中,这一指数也被众多学者广泛应用。

2.3.2.2 相对贫困指数

以上贫困指数为贫困研究的实证化奠定了基础,但这些指数主要应用在绝对贫困的研究中;在研究区域相对贫困的过程中,针对区域调查收入分组数据,李永友(2007)在相对贫困界定的基础上,参考常用贫困指数的含义及特征,建立了独特的相对贫困测定体系。

该体系中,相对贫困强度用区域内40%最高收入组的加权收入水平与其余60%收入组加权收入水平的比进行表示;相对贫困发生率则用区域内平均收入水平60%以下人口占总人口的比值进行衡量;二者乘积则用来表示相对贫困的综合指数。各指数可用以下公式进行表示:

$$rpr = \frac{1}{n} \sum_{i=1}^{n} y_i * 60\%$$

$$rpe = (\frac{1}{n-m+1} \sum_{i=m}^{n} y_i) / (\frac{1}{m-1} \sum_{i=1}^{m-1} y_i)$$

$$rpi = rpr * rpe$$

其中,rpr 表示相对贫困发生率,rpe 为相对贫困强度,rpi 则为相对贫困综合指数;n 分别表示区域总人数,将区域总人口收入水平按由低到高的顺序排列,其中位于40%最高收入组中收入最低成员的排序设为 n;y 表示每一个成员的收入水平。

这一指标的设定满足了相对贫困的单调性及转移性定理,并且能充分反映收入组之间的收入分配情况。下文对区域相对贫困的测定即是采用了李永友(2007)的做法。

2.3.3 相对贫困的影响因素分析

相对贫困的影响因素是多方面的,从既有文献上看,人口构成、非农就业、家庭特征、所在区域(魏众等1998)、人力资本(陈少华、王燕,2001)、政府扶贫方式、财政支出结构(徐月宾,2007;李永友,2006)、城乡要素流动(张全红,2007)、资源禀赋(万广华,2008)等都在不同程度上影响贫困。

　　相对贫困是一个综合性概念,从以上文献可以知道,尽管这些影响因素都在贫困的产生中发挥了各自的作用。但是,简单分析相对贫困影响因素并不能消除或者缓解相对贫困,因为这些因素也基本上是区域经济发展的影响变量,也即这些因素并非直接对相对贫困产生影响,而是通过某种途径最终作用于相对贫困。区域中某种要素禀赋可能加剧了相对贫困的产生,但我们不能一概而论的通过降低某些要素配置来进行缓解相对贫困,因为这些要素可能正是区域经济增长的源动力,或者说这类要素禀赋既可以增加区域经济增长,又在一定程度上加剧了区域相对贫困。

　　相对贫困的这种综合性问题使得在缓解区域相对贫困的研究中,难以直接将相对贫困简单地作为被解释变量进行因素分析。不少学者对相对贫困的这种综合性特性也进行了创新性研究。沈扬扬(2012)、万广华(2006)等通过对贫困进行分解,认为经济增长和收入不平等是贫困产生的两个重要层面,其中经济增长有助于降低贫困,而不平等不利于贫困减少。通过对相对贫困的分解,我们可以将相对贫困的产生从经济增长和收入分配两个角度去看待,通过考察区域要素配置对二者的不同影响,进而间接进行相对贫困的原因探索,这种分解可以对影响区域相对贫困的要素进行筛选,进而找出在不影响区域经济增长的情况下能降低区域收入分配的措施来缓解区域相对贫困。

2.3.3.1　相对贫困的理论模型分解

　　对相对贫困指数进行经济增长与收入分配两个层面分解的核心思想是:假设收入分布 $Y=(L,\mu)$,对应的相对贫困指数为 $p(L,\mu)$,(L,μ) 不同时期贫困变动 Δp 受经济增长 G 以及收入分配 D 两个效应的影响。经济增长成分是在保持收入变量 Y 离中趋势也即洛伦兹曲线 L_t 保持不变的前提下,由均值 μ_t 变化引起的贫困变化;收入分配成分是在保持均值 $\mu_t\mu$ 不变而洛伦兹曲线的离中趋势变化造成的影响。

　　在这一思想下,假设有两个不同时期的数据,期初收入变量的离中趋势和均值分别由 L_0、μ_0 表示,而 t 时期两者分别用 L_t、μ_t 进行表示。此时,可以设定一个并不存在的收入分布 $Y(L_0,\mu_t)$,其洛伦兹曲线为 L_0、均值为 μ_t,用来表示收入分配状况不变,而经济增长由 μ_0 变化为 μ_t 时的状况,设 $p(L_0,\mu_t)$ 为收入分布 $Y(L_0,\mu_t)$ 下的贫困指数;同理,可以设定 $p(L_t,\mu_0)$ 表示仅由收入分配变化带来的贫困指数。在这两个假定指数的构建下,可以对贫困指数 p 及其变化 Δp 用如下公式进行分解:

$$\Delta p = p(L_t,\mu_t) - p(L_0,\mu_0) \tag{1}$$

　　通过上文的分析,我们可以将相对贫困变化 Δp 中的经济增长效应表示为:

$$经济增长效应 = p(L_0,\mu_t) - p(L_0,\mu_0) \tag{2}$$

　　根据参照时期不同,经济增长效应还可以表示为:

$$经济增长效应 = p(L_t,\mu_t) - p(L_t,\mu_0) \tag{2a}$$

　　同理,收入分配效应可表示为:

$$收入分配效应 = p(L_t,\mu_0) - p(L_0,\mu_0) \tag{3}$$

根据参照时期不同,收入分配效应还可以表示为:

$$收入分配效应 = p(L_t, \mu_t) - p(L_0, \mu_t) \tag{3a}$$

不同的经济增长效应及收入分配效应组合可以得出不同的贫困指数变化 Δp 结果,以时期 0 也即期初为参照点可将公式(2)和(3)进行组合,若参照点则为时期 t,则可选择(2a)和(3a)的组合;以上两种分解结果可能存在差异,且因经济增长效应与收入分配效应之和不等于 Δp 而不能对贫困指数进行完全分解。使用(2)和(3a)或(2a)和(3)的组合则可避免这种情况,其公式如下:

$$p(L_t, \mu_t) - p(L_0, \mu_0) = [经济增长效应] + [收入分配效应]$$

$$= [p(L_0, \mu_t) - p(L_0, \mu_0)] + [p(L_t, \mu_t) - p(L_0, \mu_t)] \tag{4}$$

$$= [p(L_t, \mu_t) - p(L_t, \mu_0)] + [p(L_t, \mu_0) - p(L_0, \mu_0)] \tag{5}$$

通过公式(4)或(5)可以清楚地看到相对贫困完全可以从经济增长以及收入分配两个层面进行解释,许多学者也在这两个方面对地区和国家整体进行了贫困的分解(万广华,2006;沈扬扬,2012)。

2.3.3.2　相对贫困理论分解的质疑

相对贫困受制于经济增长与收入分配两方面的影响,在假定收入分配不发生变化的情况下,经济增长是降低相对贫困的主要途径。在经济增长的过程中,贫困人口收入的增长可以使原先处于贫困线以下的人口脱离贫困,贫困的发生率将下降。经济增长改善贫困的说法并不是总是得到经济学家的赞同,尤其针对相对贫困来说。郑秉文(2009)利用 1980—2008 年拉美地区数据,对其经济增长及贫困的关系进行了研究,结果发现拉美地区经济增长与贫困率上升呈现同向变化,出现了"增长性贫困",只有当增长率超过 3%时,贫困率才开始下降。这一现象说明,经济增长并不一定能改善贫困状况。由于贫困人口与非贫困人口初始资源禀赋的并不相同,在资本惯性、人力资本惯性等因素的作用下,拥有更多资源基数的群体或个人会在经济增长过程中获取更多利益,从而拉大区域收入差距,可能在一定程度上恶化相对贫困状况。

除此之外,在相对贫困的理论分解模型中,经济增长与收入分配之间是相互独立的,是在假设两者之间不存在相互作用的情况下所得出的。然而,二者并非相互独立,不同区域内,其经济增长方式存在差异,这种差异可能会通过影响收入分配状况进而对相对贫困产生不同的影响。具体来看,区域经济增长可能对区域内相对贫困群体和非贫困群体带来三种不同的影响。首先,区域经济增长是均衡的,也即相对贫困群体和非贫困群体之间存在相同的经济增长率,在这种情况下,区域相对贫困的发生广度和深度都不会发生变化,区域经济增长不会改变现有的相对贫困状态;其次,区域经济增长带来非贫困群体更高的经济增长率,这种情况下,区域经济增长会直接加大区域收入分配差距,反映在相对贫困中即是增加了相对贫困的发生规模,进而加剧了区域相对贫困状况;再次,区域经济增长为亲贫式增长,也即区域经济增长带来相对贫困群体更高的经济增长率,这种情况下,相对贫困群体与非贫困群体之间的收入差距将缩小,区域相对贫困的发生规模和相对贫困深度也将同时降低。

2.3.4　相对贫困理论简要述评

相对贫困是一个涉及多学科、复杂、综合性的概念,但其核心体现在经济层面。能力、教育、卫生等描述贫困的多维角度是经济贫困在某一层面的体现,对相对贫困的探索可以从其经济性的本质进行。相对贫困不同于绝对贫困,它反映了区域群体间的相对剥夺,相对贫困可以满足绝对贫困中的单调性和转移性定理,但是并不满足聚焦性定理。相对贫困的测量和绝对贫困相似,都可以从贫困的发生广度、深度以及综合指标三个层面去描述。结合相对贫困影响因素可以看出,相对贫困产生原因是复杂的,各影响因素之间可能相互影响,也可能存在某种促进经济增长的要素同时正向作用于相对贫困,直接对相对贫困进行因素分析难以找出缓解相对贫困的有效措施,需要通过相对贫困的分解来进一步分析相对贫困的原因。经济增长与收入分配是影响相对贫困的两个分支,经济增长是缓解相对贫困的必要因素,但并不是充要条件,对相对贫困传导路径的分析可以从经济增长与收入分配两个层面进行分析。

2.4　本章小结

本章首先梳理了区域经济增长的相关理论,从中我们发现区域间经济发展存在很强的关联,增长极会对非增长极区域的经济发展产生巨大的影响,资源丰裕区拥有资源的比较优势,这种比较优势会促使区域分工的形成。但是这种优势在市场竞争中并不一定存在竞争优势,在区域经济发展中对资源的依赖会形成区域产业结构单一等"路径依赖"特征,极易陷入资源优势陷阱。

资源与经济之间的关系说明,资源是区域经济发展的物质基础和客观条件,在经济增长中起到了重要的作用,但现实经济中"资源诅咒"现象说明,资源并非天赐神粮,对资源不合理的利用会形成资源依赖,从而影响区域产业结构的升级与调整。资源与经济之间的关系是复杂的,森林资源因其特殊的特征,对不同区域经济发展的影响存在差异性,在森林资源不丰裕区内,森林资源可以通过提供就业机会、改善生态环境、吸引林业投资等途径改善区域经济状况;而在森林资源丰裕区内,林业产业竞争劣势可能会阻碍区域经济发展,从而体现为一定程度的资源诅咒。

通过对相对贫困与绝对贫困的比较,可以发现相对贫困是一种相对的剥夺,并且不具有绝对贫困的聚焦性定理,但仍满足转移性定理及单调性定理。直接对相对贫困进行因素分析难以找出缓解相对贫困的有效措施,探索相对贫困的原因需要对相对贫困进行分解。经济增长与收入分配是影响相对贫困的两个分支,经济增长是缓解相对贫困的必要因素,但并不是充要条件,对相对贫困传导路径的分析可以从经济增长与收入分配两个层面进行分析。

以上分析为探索我国森林资源丰裕区相对贫困状况以及对相对贫困路径提供了理论基础,从这些理论的指导中我们可以更清楚地进行下面的分析和研究。

第三章　区域森林资源丰裕度测度及其动态变化

考察不同森林资源丰裕区相对贫困问题,首先需要对各区域进行森林资源丰裕程度进行衡量,并以此进行不同森林资源丰裕区的划分的。本章节首先对森林资源定义及其特征进行了简要介绍,在此基础上,对比选择了合适的区域森林资源丰裕度指标;其次,利用各区域森林资源普查数据,对我国各区域森林资源丰裕状况进行了测度,考察森林资源在我国各区域间的分布及其质量状况,并观测其在时间变化中的动态趋势,进而对我国各区域进行了森林资源丰裕区及森林资源不丰裕区的划分。

3.1　森林资源定义及其特征

3.1.1　森林资源定义

最初森林资源仅仅被认为是林木和林地,随着环境恶化及区域社会经济的变化,人们对森林资源的理解也不断深化。《现代汉语词典》及我国相关法律法规对森林资源定义所包含的范围进行了相似的说明"森林资源是包括森林、林木、林地以及依托森林、林木、林地生存的野生动物、植物和微生物的整体"(高利红,2012;原林业部,1986;中华人民共和国国务院令,2000)。

从中可以看出,森林资源的主体部分是林木、林地及其所包含的动物、微生物等生物性资源,随着人们对森林资源功能的了解,逐渐将其生态保护功能的定义(翟中齐,2003)及社会经济功能含义(李周,2004)融入了森林资源的概念。

李周 2004 年对森林资源的定义,是较为全面也是目前广为接受的,他将森林资源定义为是以乔木、灌木为主体,由植物、动物、微生物组成的生物群落,及其与自然环境相结合的综合体,在科学管理和合理经营的条件下,可以不断向社会提供物质产品、非物质产品和环境服务。

根据这一定义森林资源可以分为物质资源和非物质资源两类,其中林木资源、土地资源和野生生物资源共同组成了森林资源的物质资源;而非物质资源则包括森林景观服务、生态服务和社会服务(丁宝清,2009;侯元兆,1994)。综合以上研究可知,森林资源中的林木、林地构成了物质资源中的主体,而森林的各种生态社会服务则是森林资源中非物质资源的主要组成部分,二者相辅相成,物质资源是发挥非物质资源的基础,非物质资源是物质资源的功能体现。

3.1.2　森林资源特征

3.1.2.1　森林资源自然属性

森林资源是自然资源的重要组成部分,其自然属性是由自身特点所决定的本质属性,也是森林资源物质特征的体现。首先,与其他可再生性自然植被资源相类似,森林资源具有可更新性,且具有更长的生长周期,不仅如此,森林资源极易受日照条件、降雨、温度等自然因素的影响。其次,森林资源具有多种类型,空间分布广阔且不均匀,从区域森林资源的分布来看,森林资源地理分布比较分散,与煤、石油等点资源不同,森林资源的分布范围较广,森林资源所涉及区域地理面积较大,具有“散”的特征。

3.1.2.2　森林资源生态属性

生态属性是森林资源的重要属性。首先,森林资源依托自身自然资源属性,通过光合作用这一生物能量的循环过程;可以改善区域生态环境,起到保持水土、净化空气,涵养水源、减缓污染、固碳等作用,这种生态功能具有很强的正向外部性,可以直接提升区域公共设施的服务水平,从而间接吸引物质资本投资和具有企业家创新才能的人才进入。其次,森林资源系统是生物多样性的资源库,森林资源可作为遗传基因多样性以及生物群落多样性的载体,为不同生物的生长提供了物质基础,丰富了区域生物多样性,可使区域景观更加丰富多彩。

3.1.2.3　森林资源经济属性

森林资源的经济属性是森林资源最为重要的特征之一。首先,森林资源可以通过提供木材、林产品等物质产品增加区域物质资本的积累,进而影响区域经济发展。其次,森林资源的经营管理可以提供大量的就业机会(Linda Roengren 2012),从而影响区域经济发展,尤其对林区农村经济影响巨大,森林资源可以通过增加林农整体劳动时间来提升总收入。再次,森林资源的物质可更新性可以为其所有者提供持续的收入来源,是应对风险的天然保险(McSweeney,2005),可作为林农的一种自然储蓄。最后,森林资源可以吸引更多国家财政补贴和林业基础设施建设投资(张晓静,2009),这种状况在我国尤为明显,自1998年开始,我国六大林业重点工程的实施,林业补贴和投资可以间接促进区域经济的增长。

从森林资源的几大特征中可以看出,森林资源的自然属性是森林资源发挥生态属性以及经济属性的基础。首先,森林资源的自然资源属性,决定了森林资源所具有的特殊生态功能,使其能在改善区域生态环境中发挥重要作用,尽管不少学者利用机会成本法,重置法等对森林资源的生态价值进行了测算,然而到目前为止,林业生态补偿并没有共识,难以具体衡量林业生态效益的大小;但是考虑到研究的方便性和可行性,本文不考虑森林资源所带来的生态效益。其次,森林资源的物质资源特征也很大程度上决定了森林资源相对复杂的经济属性,这种作用主要表现在以下几个方面:一是,尽管森林资源可以提供持续的物质资本收入,但是因为森林资源对自然条件的依赖以及其自身生长周期长等特点决定了森林资源收益具有很大的风险,林业产业生产效率不高,相对其他产业,其比较收益较低(田杰,2012);二是,森林资源的自然特征及生态属性可以改善区域公共设施水平,这种正向的外部性可以通过直接和间接作用带动区域经济的发展。

3.2 森林资源丰裕度指标的选择

对森林资源定义及其特征的了解,可以为森林资源丰裕程度指标的选择提供基础。森林资源丰裕度是从赫克歇尔-俄林的资源禀赋理论中延伸出来的概念,是用来衡量一个地区森林资源丰缺程度的指标,森林资源丰裕区即是该指标相对较高的地区。选择合适的森林资源丰裕度指数是研究森林资源与区域相对贫困之间关系的基础。

3.2.1 森林资源丰裕度指标的应用

森林资源具有特殊的性能且其范围较为复杂,以往基于森林资源与社会经济的研究中,对森林资源丰裕程度的测量大致分为三个层面:一是结合林区森林资源的特征设定主观的阈值判断森林资源的丰裕度,如李周(2004)在对森林资源丰富地区研究时采用森林覆盖率(大于30%)、人均有林地面积(大于0.33 hm²)、人均蓄积量(不小于10 m³)三个指标来标识地区的森林资源丰裕度,丁文广,陈发虎等(2006)也是采用了李周的方法对甘肃省森林资源禀赋对贫困的影响进行了研究,应用这一方法可以清楚的标识出研究地点是否属于森林资源丰富地区?然而,森林资源状况二分类决定了只能对森林资源与地区的经济状况进行相关性研究,难以深入探究地区内部的影响机制。二是单一森林资源特征的选择。如森林资源蓄积量,有林地面积,造林面积,森林覆盖率等。姜雪梅,徐晋淘(2007)用单位林地蓄积量作为林区森林资源状况的指标,对我国林区森林资源变化趋势及其影响因素进行了研究;李烨,刘俊昌等(2013)分别用以上各个指标对宁夏森林资源环境库兹涅兹曲线的演变轨迹和阶段特征进行了探究;刘璨等(2010)在判断我国森林资源环境库兹涅兹曲线拐点的研究中,也分别应该用了有林地面积和造林面积等作为衡量森林资源丰裕度的指标。三是森林资源的衍生指标,如木材采伐量指标,林木收益指标等。如石春娜等(2007)在研究森林资源与经济增长关系的时候即分别采用了木材采伐量与森林蓄积、林地面积等比值对森林资源进行衡量;Nicholas J. Hogarth 和 Brian Belcher 等(2012),Katsigris 等(2010)则在各自的研究中将林业收入作为了衡量森林资源丰裕程度的指标。

3.2.2 森林资源丰裕度指标评价及选择

以上研究开拓了森林资源指标的选择范围,结合不同的研究目的,各森林资源丰裕度指标的应用范围并不相同,也各有优缺。如李周等(2004)将森林资源各因素三分类的做法可以更为全面有效的判断地区是否属于森林资源丰裕区,但基于这种判断难以开展后续研究,限制了研究范围,同时,三分法中各森林资源特征阈值的判断标准有待商榷。

单一森林资源特征选择操作性更强,数据获得更为方便,但是其中有些指标也饱受争议,例如造林面积,尽管这一指标容易获取连续多年的数据,但是,虚报及造林保存率低等原因造成这一指标难以准确衡量森林资源的丰裕度(刘璨,2010);除此之外,森林资源覆盖率的选择也存在争议,主要是因为,第五次全国森林资源清查中对森林覆盖率技术标准进行了修改(黄鹤羽,王志学;2000),造成几次森林资源清查前后森林覆盖率的可比性不强;相比较森林资源的其他单一指标,森林资源蓄积量可以对区域森林资源丰裕程度进行拟合,这一指标有以下几个方面的优势:一是可以方便获取多年且准确的数据,二是可以直接反映区域森林资源的物质资源状况。而一般情况下森林资源的物质资本是其发挥生态经济功能的基础,因此可以认为该指标能够拟合区域森林资源丰裕状况。

森林资源的衍生指标扩宽了森林资源丰裕度判断指标的研究范围,在不同的研究目的下,森林资源的衍生指标可以很好地拟合区域森林资源的丰裕程度。

本书探究区域森林资源丰裕度,主要目的是考察其与区域相对贫困之间的关系,从以上森林资源特征及已有的文献研究中可知,森林资源蓄积量指标可以作为核心指标来衡量区域森林资源丰裕程度。由于各省区在经济发展水平,人口规模,地域面积等总体状态上存在差异,绝对值指标在区域之间并不具有可比性。因此,在研究中主要采用区域森林资源蓄积量与区域年末总人口的比值也即人均森林蓄积量这一相对指标来度量区域森林资源丰裕度。

3.3 区域森林资源丰裕度测量

3.3.1 区域森林资源整体状况

第八次全国森林资源清查资料显示,目前我国森林面积约为 2.08 亿公顷,森林覆盖率约为 21.63%;我国整体活立木总蓄积约为 164.33 亿立方米,其中森林蓄积约为 151.37 亿立方米;在整体森林资源中,天然林面积约为 1.22 亿公顷,蓄积 122.96 亿立方米,而人工林面积约为 0.69 亿公顷,蓄积 24.83 亿立方米。整体来看,我国森林资源呈现数量持续增加,质量稳步提升,效能不断增强的良好态势。

然而,我国森林资源在总量及质量上都与世界其他国家存在巨大差距,具体来看,我国森林覆盖率比全球 31% 的平均水平低了将近 10 个百分点,人均森林面积仅为世界平均水平的 1/4,人均森林蓄积更是只有世界人均水平的 1/7。森林资源总量相对不足,质量不高仍是我国森林资源的现状,努力经营和改善森林资源整体质量,扩展森林资源数量仍然任重道远。

受人为活动和自然灾害等因素的影响,森林资源在我国整体空间内的分布是不均衡的。以地域分布进行森林资源的划分,可以看出,森林资源整体呈现东南部多、西北部少的局面。我国森林资源集中分布在东北、西南边远省（区、市）及东南、华南丘陵山地；其他区域如西北地区、华北、中原以及长江、黄河中下游地区分布较少。

不仅如此，从时间进程来看，森林资源的变化趋势也存在很大的差异，主要表现在两个层面：一是在不同区域，森林资源在同一时段内变化不同；二是在同一区域内部，不同时间段内森林资源的变化也不尽相同。森林资源是区域内重要的生产资料，其丰缺程度对区域经济发展以及福利水平有重要影响。通过对不同区域森林资源状况的统计观察，可以对区域森林资源丰裕度进行衡量及定性分析，可以为后文的研究和分析提供基础。

3.3.2 区域森林资源丰裕度状况

根据前文对森林资源概念及其特征的了解，结合资源诅咒的研究思路，本节主要通过对区域人均森林资源蓄积量这一指标进行考察，从而定性分析区域森林资源丰裕状况。根据我国第三次到第八次森林资源普查数据（1984—2012年）以及各省区统计年鉴，将相关数据整理得到表3-1。由于行政区划及数据可得性，表3-1中包含全国20个省、自治区、直辖市（不包括港澳台），具体为北京、河北、山西、辽宁、黑龙江、上海、江苏、浙江、安徽、福建、江西、河南、湖北、广东、广西、贵州、陕西、甘肃、青海、新疆。样本省份包含我国中、东、西部大部分省份，样本整体可以很好的模拟我国整体状况。

表3-1　区域森林资源丰裕度　　　　　（单位：立方米/人）

地区	第三次 (1984 — 1988)	第四次 (1989 — 1993)	第五次 (1994 — 1998)	第六次 (1999 — 2003)	第七次 (2004 — 2008)	第八次 (2009 — 2012)	均值	最大值	最小值	标准差	变异 系数	排名	森林资 源区域 分类
上海	0.065	0.079	0.089	0.114	0.131	0.140	0.103	0.140	0.065	0.027	0.263	20	
江苏	0.380	0.470	0.501	0.528	0.604	0.833	0.553	0.833	0.380	0.142	0.257	19	
北京	0.481	0.679	0.842	0.836	0.784	0.789	0.735	0.842	0.481	0.126	0.171	18	
河北	1.022	1.138	1.199	1.241	1.385	1.607	1.265	1.607	1.022	0.188	0.148	17	森林 资源 不丰 裕区
河南	1.074	1.225	1.372	1.400	1.701	2.161	1.489	2.161	1.074	0.356	0.239	16	
安徽	1.536	1.538	1.623	1.915	2.402	3.134	2.025	3.134	1.536	0.581	0.287	15	
山西	1.768	2.054	2.473	2.316	2.432	2.785	2.305	2.785	1.768	0.323	0.140	14	
浙江	2.469	2.560	2.764	2.842	3.351	4.005	2.998	4.005	2.469	0.531	0.177	13	
广东	2.768	2.751	2.952	3.078	3.295	3.347	3.032	3.347	2.751	0.233	0.077	12	
湖北	2.436	2.417	2.474	2.830	3.640	4.693	3.081	4.693	2.417	0.837	0.272	11	
辽宁	3.352	3.621	4.006	4.298	4.711	5.369	4.226	5.369	3.352	0.674	0.159	10	
不丰裕 区均值	1.577	1.685	1.845	1.945	2.221	2.624	1.983	2.624	1.577	0.352	0.177		

（续表）

地区	第三次 (1984 — 1988)	第四次 (1989 — 1993)	第五次 (1994 — 1998)	第六次 (1999 — 2003)	第七次 (2004 — 2008)	第八次 (2009 — 2012)	均值	最大值	最小值	标准差	变异 系数	排名	森林资 源区域 分类
贵州	4.808	4.196	4.402	5.162	6.758	8.883	5.701	8.883	4.196	1.647	0.289	9	
青海	7.491	7.969	7.603	7.553	7.834	8.215	7.777	8.215	7.491	0.256	0.033	8	
广西	6.298	5.794	6.263	7.683	9.760	11.372	7.861	11.372	5.794	2.051	0.261	7	
江西	7.367	6.352	6.436	7.915	9.647	10.294	8.002	10.294	6.352	1.503	0.188	6	森林资源丰裕区
甘肃	8.983	8.461	7.824	7.646	8.177	8.913	8.334	8.983	7.646	0.505	0.061	5	
陕西	9.528	9.274	9.281	9.176	9.471	10.476	9.534	10.476	9.176	0.438	0.046	4	
福建	14.269	12.714	12.555	13.475	14.446	16.086	13.924	16.086	12.555	1.198	0.086	3	
新疆	16.800	16.189	16.498	16.172	16.055	16.493	16.368	16.800	16.055	0.254	0.016	2	
黑龙江	44.620	42.928	42.107	40.368	41.619	44.722	42.727	44.722	40.368	1.569	0.037	1	
丰裕区均值	13.351	12.653	12.552	12.794	13.752	15.051	13.359	15.051	12.552	0.865	0.065		
样本整体均值	6.876	6.620	6.663	6.827	7.410	8.216	7.102	8.216	6.620	0.561	0.079		

表 3-1 描述了全国各省、自治区、直辖市 1984—2012 年森林资源丰裕度状况及其变化。按照各区域森林资源丰裕度均值大小进行排序,可以发现,我国森林资源丰裕度最高的区域为黑龙江省,人均森林资源蓄积量可达 42.727 立方米;而上海的森林资源丰裕度最低,人均森林资源蓄积量仅为 0.103 立方米,区域间森林资源的丰裕状况具有明显的差距。不仅如此,在第三次到第八次森林资源普查期间,各区域森林资源丰裕度的差别始终存在,并且相对稳定,说明在调查时间内,森林资源丰裕度高的区域,其人均森林资源拥有量始终高于于森林资源丰裕度低的区域。

为了对区域间森林资源丰裕度的差别做进一步分析,本文依照各区域森林资源的丰缺程度,以及整体森林资源丰裕度均值将我国各区域分为森林资源丰裕区及森林资源不丰裕区,其中划分标准为整体森林资源丰裕度均值的 1/2;大于这一数值则为森林资源丰裕区,反之则为森林资源不丰裕区。

结果显示,我国森林资源丰裕区占 9 个省份,森林资源不丰裕区为 11 个省份。从空间总体来看,我国整体森林资源丰裕度指数为 7.102,森林资源丰裕区这一指数约为 13.359,是整体均值的 1.88 倍;而森林资源不丰裕区丰裕度指数为 1.983,是整体均值的 27.92%,仅为森林资源丰裕区的 14.84%;说明我国区域间森林资源丰裕程度具有很大差别。

3.3.3 区域森林资源丰裕度变化趋势

从时间进程来看,在第三次到第八次森林资源普查期间,不同森林资源丰裕区,其森林资源状况的变化趋势并不相同。

3.3.3.1 区域森林资源丰裕度极值差异性分析

表3-1中列出了各区域森林资源丰裕度的最大值及最小值,通过对比不同区域的森林资源丰裕度极值可以发现,在森林资源不丰裕区内,森林资源丰裕度的最大值基本上出现在第八次森林资源普查期间,而最小值基本上出现在第三次森林资源普查期间。具体来看,在森林资源不丰裕区内,森林资源丰裕度均值的最大值约为2.624,而最小值约为1.577,二者差距达1.047,最大值是最小值的1.664倍。结合不丰裕区内各区域森林资源丰裕度历年数值可以看出,森林资源丰裕度在整个调查时期内基本上呈现逐年递增的趋势,年均增长率约为1.83%。

相比森林资源不丰裕区,森林资源丰裕区内森林资源的变化趋势存在显著的差异。从表3-1中可以看出,在森林资源丰裕区内,各区域森林资源丰裕度的最大值出现在第八次森林资源普查期间,而最小值则出现在第五次与第六次森林资源普查期间;利用森林资源丰裕区森林资源丰裕度均值的最大值及最小值进行分析,可以看出,该区域森林资源丰裕度最大值约为15.051,出现在第八次森林资源普查期间,而最小值约为12.522,出现在第五次森林资源普查期间,具体来看,最大值与最小值之间差距为2.499,前者是后者的1.199倍,这一数值远远大于森林资源不丰裕区内二者的差别。结合丰裕区内各区域森林资源丰裕度历年数值可以看出,森林资源丰裕度在整个调查时期内呈现出明显的先下降后上升的趋势。在第三次森林资源普查期间,区域森林资源丰裕度约为13.351,而在第五次森林资源普查期间,区域森林资源丰裕度达到最小值,该指数为12.522,比第三次森林资源普查时降低了0.799;在这一期间内,森林资源呈现逐年下降的趋势,年均下降约为0.44%;而在第五次森林资源普查之后,森林资源又呈现出上升的趋势,在第八次森林资源普查期间,区域森林资源丰裕度达到最大值,约为15.051;比第三次森林资源普查期该指数高了1.699,是最初森林资源丰裕度的1.127倍,在第三次至第八次森林资源普查期间,森林资源年均上升速度约为1.31%。

3.3.3.2 区域森林资源丰裕度变动程度差异性分析

从表3-1中各区域森林资源丰裕度的变异系数可以看出,在第三次到第八次森林资源普查期间,森林资源的变动程度是有差异的。不同区域这一指数变异系数显示,森林资源丰裕度变动程度最大的区域为贵州、安徽和湖北,其变异系数均超过了0.27,而森林资源丰裕度变动程度最小的区域分别为新疆、青海和黑龙江,其变异系数均不超过0.04。从各区域分布来看,除贵州之外,森林资源丰裕度变动程度大的区域基本上全分布在森林资源不丰裕区,而森林资源丰裕区的森林资源丰裕度变动程度相对较小,利用不同区域森林资源丰裕度均值计算的变异系数可以清楚地看出,森林资源不丰裕区森林资源变异系数约为0.173;而森林资源丰裕区这一数值约为0.065,远低于森林资源不丰裕区,这一结果说明,森林资源丰裕区内森林资源的变动程度不大,森林资源的存量相对稳定,应对风险能力较强,受外来影响较小;与之相反,森林资源不丰裕区的森林资源丰裕度变动幅度较大,说明森林资源不丰裕区内的森林资源存量不稳定,易受外来冲击。

3.3.3.3　各区域森林资源丰裕度变动趋势

为了更清楚的观测各区域森林资源丰裕度随时间的变动趋势,我们在不同森林资源丰裕区分类的基础上,对森林资源丰裕度在不同区域内的变化进行了说明和模拟,见表3-2及如图3-1所示。

表3-2　各区域森林资源状况　　　　　（单位:立方米/人）

年份	1984 年	1985 年	1986 年	1987 年	1988 年	1989 年	1990 年	1991 年	1992 年	1993 年
不丰裕区均值	1.598	1.587	1.576	1.556	1.569	1.612	1.626	1.675	1.727	1.784
丰裕区均值	13.793	13.612	13.416	13.057	12.879	12.824	12.621	12.610	12.604	12.607
整体均值	7.086	6.998	6.904	6.732	6.658	6.657	6.574	6.595	6.622	6.654
年份	1994 年	1995 年	1996 年	1997 年	1998 年	1999 年	2000 年	2001 年	2002 年	2003 年
不丰裕区均值	1.806	1.818	1.843	1.866	1.893	1.921	1.887	1.940	1.973	2.006
丰裕区均值	12.580	12.542	12.539	12.543	12.556	12.617	12.775	12.747	12.856	12.978
整体均值	6.654	6.644	6.656	6.670	6.691	6.734	6.786	6.803	6.870	6.943
年份	2004 年	2005 年	2006 年	2007 年	2008 年	2009 年	2010 年	2011 年	2012 年	均值
不丰裕区均值	2.070	2.152	2.220	2.294	2.371	2.469	2.555	2.674	2.798	1.961
丰裕区均值	13.203	13.512	13.753	14.010	14.281	14.565	14.921	15.213	15.503	13.301
整体均值	7.080	7.264	7.410	7.566	7.730	7.912	8.120	8.316	8.515	7.064

从表3-2及图3-1中可以看出,我国森林资源整体上并非呈线性变化,在第三次森林资源清查到第五次森林资源清查期间,也即1984—1998年期间,整体森林资源丰裕度呈现下降趋势,而1998年后,森林资源丰裕度呈现上升趋势。这种变化趋势在森林资源丰裕区表现得更为明显,都是在1998年左右出现了森林资源变化的拐点。然而并非所有区域的森林资源变化都相同,在森林资源不丰裕区内,森林资源丰裕度的变化与我国整体不同,从图3-1中可以看出,森林资源不丰裕区的森林资源丰裕度呈现逐年上升的趋势。

这种差异与我国林业政策的实施有关,自1998年开始,我国陆续实施六大林业重点

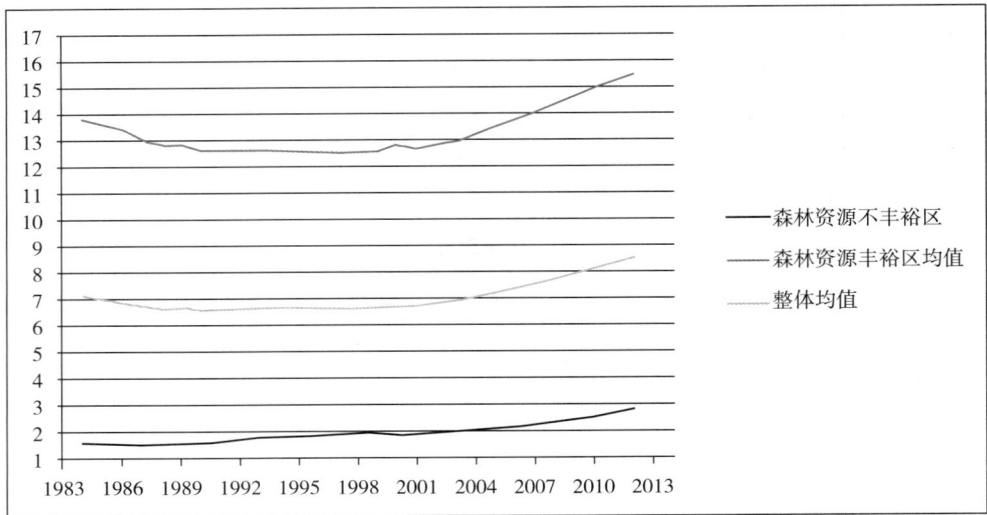

图 3-1　各区域森林资源丰裕度时间变化趋势(1984—2012)

工程,对区域森林资源由开发利用转为生态保护,森林资源丰裕度拐点的存在也证实了我国一系列林业政策所产生的显著效果,尤其在森林资源丰裕区内效果十分明显。不同时间段内森林资源丰裕程度的不同变化,说明不同时期区域经济发展过程中对森林资源的消耗不同。这也给了我们一个启示,也即探清森林资源在区域经济发展中的作用,需要进行不同时段的考察。

3.4　本章小结

　　本章首先对森林资源的定义及其自然属性、生态属性及经济属性的特征进行了回顾,在此基础上,通过对比既有文献中区域森林资源丰裕度指数的优缺点,最终选择了森林资源的衍生指标也即人均森林资源蓄积量,将这一指标作为区域森林资源丰裕度指数,衡量了各地区森林资源丰裕程度。

　　区域森林资源丰裕度现状显示,黑龙江省森林资源丰裕度最高,人均森林资源蓄积量可达 42.727 立方米;而上海的森林资源丰裕度最低,人均森林资源蓄积量仅为 0.103 立方米。区域间森林资源具有明显的差距,从历年森林资源普查大小来看,区域间森林资源丰裕程度的差距始终稳定的存在。按照森林资源丰裕程度的大小可以对我国进行森林资源丰裕区、森林资源不丰裕区的划分;结果显示,我国整体森林资源丰裕度指数为 7.102,森林资源丰裕区这一指数约为 13.359,是整体均值的 1.88 倍;而森林资源不丰裕区丰裕度指数为 1.933,是整体均值的 27.92%,仅为森林资源丰裕区的 14.84%;说明我国区域间森林资源丰裕状况差别明显。

　　区域森林资源变化趋势显示,不同区域森林资源丰裕度的变动趋势存在显著差异。从各区域森林资源最大值最小值出现时期,以及森林资源丰裕度的时间变动曲线都可以看出,森林资源丰裕区内森林资源丰裕度基本上呈现了先下降后上升的趋势,拐点基本可以确定在1998年左右;而森林资源不丰裕区内,森林资源丰裕度则呈现逐年上升的趋势。不仅如此,不同区域森林资源的变异系数显示,森林资源不丰裕区内,森林资源变异系数约为0.173;而森林资源丰裕区这一数值约为0.065,远低于森林资源不丰裕区,这一结果说明,森林资源丰裕区内森林资源的变动程度相对较小,森林资源的存量相对稳定,应对风险能力较强,受外来影响较小。

第四章 区域相对贫困现状及其变动趋势分析

在进行不同森林资源丰裕区相对贫困问题研究之前,我们需要对不同区域相对贫困现状及其变动趋势进行考察。本章节首先对相对贫困进行了界定,并对其特征进行了分析,以此为基础,对不同森林资源丰裕区相对贫困的发生广度、深度及其综合指标进行测度,以分析不同森林资源丰裕区相对贫困的差异,为下面考察相对贫困的原因及传导路径打下基础。

4.1 相对贫困定义及其特征

4.1.1 相对贫困定义

前面的分析中已经对贫困问题进行了描述和分析,结合贫困问题的分类以及相对贫困与绝对贫困的对比,可以清楚了解相对贫困的内涵。与绝对贫困相比,相对贫困既可能出现在物质匮乏的社会中,也可能存在于物质资源高度丰裕的社会中,而绝对贫困更多存在于前者,陷于绝对贫困的群体缺乏维持生命的基本物质,而相对贫困群体则不然,它是相对于非贫困者的一种状态。两种贫困状态存在一定的相似性,二者都描述了一种剥夺的状态,前者是相对的剥夺,而后者是绝对的剥夺。一般情况下区域相对贫困群体会包含绝对贫困群体,是一种范围更广的贫困,不仅如此,两者可以同时存在。例如,在一个财富相对集中而物资又特别匮乏的社会中,绝对贫困与相对贫困都会显著存在。结合已有研究本文对相对贫困定义如下:相对贫困是指与绝对贫困相对应而又与绝对贫困不同的一种区域贫困状态,它反映了区域内部分群体与其他群体之间因收入差距而带来的综合性被剥夺状态。

4.1.2 相对贫困特征

阿玛蒂亚·森(1976)在绝对贫困问题的研究中,对贫困的一系列特征进行了描述。我们依托绝对贫困的这些定理,将相对贫困与绝对贫困进行对比,观测相对贫困所具有的特征及其与绝对贫困的差别。

首先,绝对贫困应具有聚焦性定理,也即绝对贫困只是针对贫困群体而言,与非贫困者的总体状况无关,非贫困者的收入分布变动不会影响绝对贫困的变化;然而,相对贫困描述的是贫困者与非贫困者之间的一种对应状态,两个群体相互影响,如果排除非贫困者,也就不存在相对贫困(李永友,2007),测度相对贫困需要兼顾非贫困者与贫困者之间的收入分配,因此,聚焦性定理对相对贫困并不适用。其次,绝对贫困的单调性定理,也即假定其他情况不变,降低任何一个贫困者收入将恶化区域贫困状况,贫困指数也会相应增加,相对贫困同样应该满足这一定理,当相对贫困者的收入减少时,贫困群体与非贫困群体之间的收入差距相应拉大,相对贫困的状况也更为严重。再次,绝对贫困的转移性定理,该定理表明,将一部分收入从贫困群体转移给非贫困群体,同时保持区域整体财富不变,贫困程度将上升,这一描述也完全体现了相对贫困差距化增加的过程,同样适用于相对贫困。

4.2　区域相对贫困的测度

4.2.1　相对贫困测度方法

在研究区域相对贫困的过程中,针对区域调查收入分组数据,李永友(2007)在对相对贫困界定的基础上,参考常用贫困指数的含义及特征,建立了独特的相对贫困测定体系。本书在对区域相对贫困的测度中也采用了李永友的做法。

该体系中,相对贫困强度用区域内 40% 最高收入组的加权收入水平与其余 60% 收入组加权收入水平的比进行表示;相对贫困发生率则用区域内平均收入水平 60% 以下人口占总人口的比值进行衡量;二者乘积则用来表示相对贫困的综合指数。各指数可用以下公式进行表示:

$$rpr = \frac{1}{n} \sum_{i=1}^{n} y_i \times 60\%$$

$$rpe = (\frac{1}{n-m+1} \sum_{i=m}^{n} y_i) / (\frac{1}{m-1} \sum_{i=1}^{m-1} y_i)$$

$$rpi = rpr \times rpe$$

其中,rpr 表示相对贫困发生率、rpe 为相对贫困强度、rpi 则为相对贫困综合指数,n 分别表示区域总人数;将区域总人口收入水平按由低到高的顺序排列,其中位于 40% 最高收入组中收入最低成员的排序设为 n;y 表示每一个成员的收入水平。这一指标的设定满足了相对贫困的单调性及转移性定理,并且能充分反映收入组之间的收入分配情况。

4.2.2　数据来源及说明

区域社会成员的收入水平数据是研究相对贫困问题基础,已有研究中,统计调查数据是获取这一数据的主要来源,结合本章的研究目,也即从区域层面考察相对贫困问题。本书并未直接采用家计调查的方法获取社会成员的收入水平,而是采用 1986—2013 年各省区统计年鉴中的城乡居民收入分组数据。尽管这一数据难以描述各收入组的家庭真实情况及社会成员的心理感受,从而使得相对贫困的测量具有一定的不稳定性,但这一数据基本上拟合了国民财富在不同社会群体之间的分布,包含了区域相对贫困测度的所有信息。

此处需要说明的是,由于我国各省区及整体统计年鉴中对农村及城镇分别进行了抽样调查,在实际计算中,我们参照陈昌兵(2007)的做法,将两者进行了合并,并利用各地区农村及城镇人口比例对人口比重进行了调整。

为了使前后的分析一致,本章所涉及区域与前面章节中所列地区一致,此处不再赘述,所涉及年份为 1986—2012 年,数据来源为相应年份《各省区统计年鉴》《中国统计年鉴》以及《中国农村统计年鉴》。

4.2.3　区域相对贫困现状

表 4-1 从相对贫困发生广度 rpr、发生深度 rpe 以及相对贫困综合指数 rpi 三个层面对区域相对贫困状况进行了描述,并列出了 1986—2012 年间各区域相对贫困综合指数 rpi 的最大值、最小值以及变异系数。

从表 4-1 中可以看出,我国各区域间相对贫困存在很大差别,以相对贫困综合指数 rpi 均值衡量的区域相对贫困大小显示,贵州省是我国相对贫困最为严重的区域,rpi 值为 2.1681,而北京市是相对贫困最小的地区,相对贫困综合指数 rpi 仅为 0.8412,是贵州省相对贫困的 38.8%。从各区域相对贫困的发生广度、深度的特征来看,区域相对贫困综合指数较高的区域其相对贫困的发生广度及深度也较高,从图 4-1 中可以清楚地看到各区域相对贫困广度、深度以及综合指数之间的关系;结合表 4-1 及图 4-1 可以看出,除个别省份外,各区域间相对贫困发生广度及深度与区域相对贫困综合指数相吻合。

表 4-1　区域贫困状况

地区	rpr (贫困广度)	rpe (贫困深度)	rpi (贫困指数)	rpi 最大值	rpi 最小值	rpi 标准差	rpi 变异 系数	排名
北　京	0.3503	2.3545	0.8412	1.1645	0.4089	0.2363	0.2809	20
上　海	0.3439	2.4719	0.8461	1.2224	0.2893	0.1814	0.2144	19
黑龙江	0.3198	2.7347	0.9030	1.3837	0.4494	0.3257	0.3607	18
江　西	0.3295	2.6827	0.9230	1.6471	0.4418	0.3796	0.4113	17
浙　江	0.3488	2.7508	0.9682	1.3113	0.6926	0.2056	0.2124	16
福　建	0.3783	2.7404	1.0539	1.5083	0.6428	0.2871	0.2724	15
辽　宁	0.3693	2.8835	1.1129	2.0441	0.5723	0.4908	0.4410	14
安　徽	0.3933	3.0997	1.2707	2.5260	0.4833	0.5308	0.4178	13

（续表）

地区	rpr （贫困广度）	rpe （贫困深度）	rpi （贫困指数）	rpi 最大值	rpi 最小值	rpi 标准差	rpi变异 系数	排名
江　苏	0.4277	2.9567	1.2737	1.7710	0.8960	0.2894	0.2272	12
河　南	0.3939	3.1580	1.2774	2.3936	0.6419	0.4428	0.3466	11
湖　北	0.4258	3.1178	1.3475	2.2068	0.8310	0.3563	0.2644	10
广　东	0.4321	3.2804	1.4327	1.9561	0.7668	0.3498	0.2441	9
山　西	0.4430	3.1718	1.4997	2.5844	0.2627	0.6856	0.4572	8
河　北	0.4733	3.3586	1.7083	3.6967	0.7042	0.9766	0.5716	7
新　疆	0.4634	3.7127	1.7417	2.4963	1.1059	0.3910	0.2245	6
广　西	0.4618	3.7393	1.7418	2.7930	0.9987	0.3790	0.2176	5
陕　西	0.4631	3.7025	1.7510	2.7436	0.5762	0.5244	0.2995	4
青　海	0.4696	3.7440	1.8054	2.9568	0.8270	0.5956	0.3299	3
甘　肃	0.5031	3.6935	1.8692	2.6334	1.4728	0.3305	0.1768	2
贵　州	0.5357	3.9985	2.1681	2.6952	1.2427	0.4658	0.2148	1

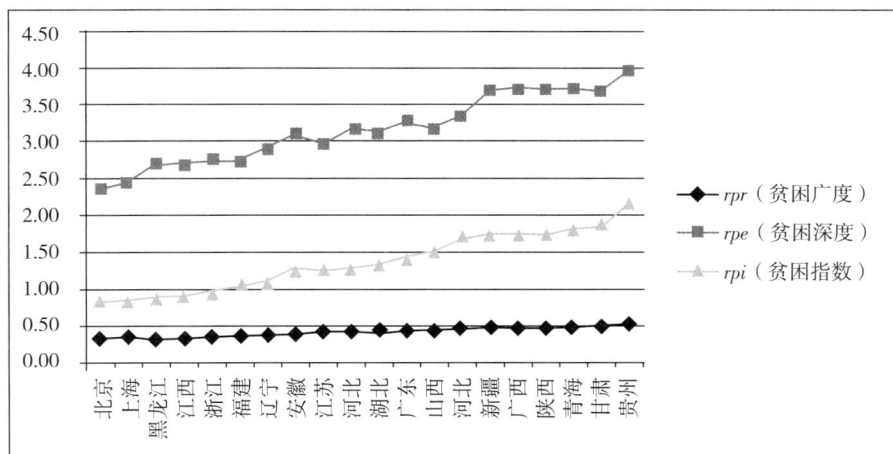

图 4-1　各区域相对贫困状况

从各区域相对贫困综合指数的变动程度来看,区域相对贫困的变动程度并无显著规律,但从其大小来看,相对贫困较轻的省份如北京、上海以及相对贫困较为严重的地区如甘肃、贵州等地区其相对贫困的变动程度较小,说明在这些区域相对贫困存在一定的持续性;相对贫困变动较大的区域为河北、山西、辽宁等省份,这些区域相对贫困综合指数的变异系数均超过了 0.4;说明这些区域相对贫困状况并不稳定,易受外界经济环境变化的影响。

4.2.4 各区域相对贫困变动趋势

从空间结构来看,各区域相对贫困综合指数均值之间存在明显的差异性;为了进一步观测森林资源丰裕度与相对贫困之间的关系,我们利用第三章中森林资源丰裕区的分类,对各森林资源丰裕区内相对贫困的时间变动趋势以及区域间的差异性进行了描述性分析。表4-2列出了不同森林资源丰裕区相对贫困时间变动趋势,图4-2至图4-4分别对不同森林资源丰裕区相对贫困的综合指数、广度以及深度的特征变动趋势进行了描述。结合表4-2以及图4-2至图4-4,我们从区域相对贫困综合状况、相对贫困发生广度以及相对贫困发生深度三个层面对不同森林资源丰裕区相对贫困的变动进行了差异化分析。

表4-2 不同森林资源丰裕区相对贫困变动趋势

年份	样本整体			森林资源不丰裕区			森林资源丰裕区		
	rpr	*rpe*	*rpi*	*rpr*	*rpe*	*rpi*	*rpr*	*rpe*	*rpi*
1986	0.3428	2.4428	0.8571	0.3438	2.2723	0.8032	0.3416	2.6512	0.9229
1987	0.3462	2.4586	0.8732	0.3347	2.2686	0.7750	0.3602	2.6909	0.9932
1988	0.3495	2.4745	0.8940	0.3255	2.2650	0.7529	0.3789	2.7305	1.0664
1989	0.3541	2.4871	0.9039	0.3386	2.2918	0.7873	0.3731	2.7258	1.0465
1990	0.3587	2.4997	0.9162	0.3517	2.3186	0.8243	0.3672	2.7212	1.0284
1991	0.3741	2.6274	1.0092	0.3721	2.4575	0.9303	0.3766	2.8351	1.1057
1992	0.3896	2.7551	1.1157	0.3924	2.5965	1.0512	0.3861	2.9490	1.1946
1993	0.4009	2.8890	1.2087	0.3969	2.6800	1.1005	0.4059	3.1444	1.3410
1994	0.4123	3.0228	1.3094	0.4013	2.7635	1.1550	0.4257	3.3398	1.4981
1995	0.4074	2.9411	1.2442	0.3960	2.6989	1.0831	0.4213	3.2371	1.4411
1996	0.4024	2.8594	1.2020	0.3906	2.6344	1.0502	0.4169	3.1344	1.3874
1997	0.4069	2.9232	1.2406	0.3895	2.7030	1.0885	0.4281	3.1925	1.4265
1998	0.4113	2.9871	1.2837	0.3884	2.7715	1.1300	0.4393	3.2505	1.4716
1999	0.4141	3.0916	1.3237	0.3810	2.8374	1.1084	0.4546	3.4021	1.5868
2000	0.4169	3.1960	1.3729	0.3735	2.9034	1.0988	0.4700	3.5537	1.7079
2001	0.4289	3.3915	1.5018	0.3805	3.0587	1.1863	0.4880	3.7983	1.8874
2002	0.4408	3.5870	1.6449	0.3875	3.2140	1.2895	0.5060	4.0429	2.0794
2003	0.4498	3.5866	1.6477	0.4142	3.3198	1.3957	0.4932	3.9128	1.9557
2004	0.4588	3.5862	1.6657	0.4410	3.4255	1.5229	0.4805	3.7826	1.8401

（续表）

年份	样本整体			森林资源不丰裕区			森林资源丰裕区		
	rpr	rpe	rpi	rpr	rpe	rpi	rpr	rpe	rpi
2005	0.4482	3.6381	1.6536	0.4226	3.4343	1.4628	0.4796	3.8871	1.8869
2006	0.4377	3.6900	1.6449	0.4043	3.4432	1.4081	0.4786	3.9916	1.9344
2007	0.4491	3.7736	1.7192	0.4265	3.5603	1.5309	0.4766	4.0343	1.9494
2008	0.4604	3.8573	1.8097	0.4488	3.6775	1.6831	0.4745	4.0771	1.9643
2009	0.4654	3.7818	1.7977	0.4621	3.6439	1.7284	0.4695	3.9503	1.8825
2010	0.4705	3.7063	1.7893	0.4754	3.6103	1.7773	0.4644	3.8236	1.8040
2011	0.4711	3.6591	1.7752	0.4800	3.5957	1.7911	0.4602	3.7366	1.7558
2012	0.4717	3.6119	1.7688	0.4845	3.5811	1.8140	0.4561	3.6495	1.7135
均值	0.4163	3.1676	1.3768	0.4001	2.9640	1.2344	0.4360	3.4165	1.5508

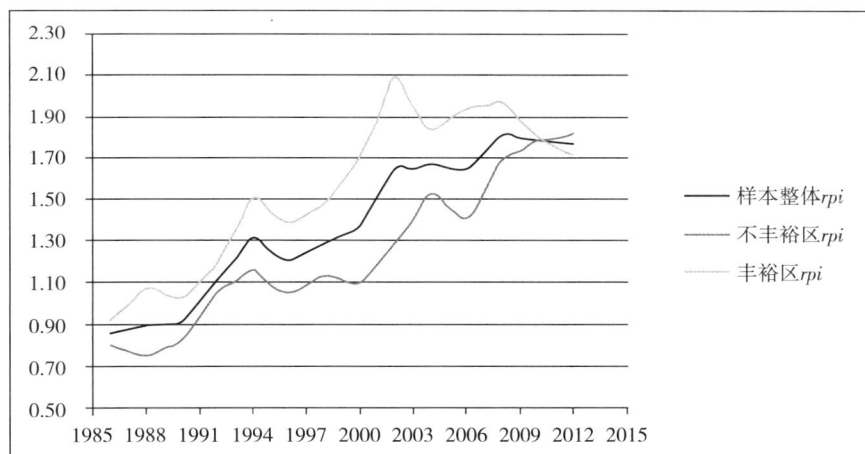

图4-2 各区域相对贫困综合指数 rpi 变化趋势(1986—2012)

4.2.4.1 各区域相对贫困综合指数变动趋势分析

表4-2显示,1986—2012年间,我国整体及各区域相对贫困均呈现波动上升的趋势。在调查初期1986年,样本整体 rpi 仅为0.8571,而在2008年这一指标上升为1.8097,是1986年的2.11倍,尽管在2008年之后整体相对贫困状况有一定程度的下降,但仍都保持在1.77左右,是1986年这一指数的2倍以上,说明在过去近30年时间内,我国相对贫困状况在逐年加深,相对贫困指数比期初提升了2倍以上。

从不同森林资源丰裕区相对贫困状况可以看出,森林资源丰裕区与森林资源不丰裕区之间存在明显的差异。首先,从变化趋势上可以看出,如图4-2所示,森林资源丰裕区相对贫困呈现先上升后下降的趋势,在2002年左右出现相对贫困峰值,相对贫困综合指数约为 2.0794,而森林资源不丰裕区相对贫困则呈现逐年递增的趋势,除个别年份的波动外,森林资源不丰裕区相对贫困随着时间的延伸而逐渐严重。其次,从相对贫困指数大小来看,在整个研究时期内,森林资源丰裕区相对贫困指数均值约为 1.5508,高于森林资源不丰裕区相对贫困指数 1.2344;具体来看,除 2010－2012 年外,在 1986－2010 年间,森林资源丰裕区的相对贫困程度都要显著大于森林资源不丰裕区。再次,从二者差距大小的变化来看,在研究期初,森林资源不丰裕区相对贫困指数为 0.8032,而森林资源丰裕区相对贫困指数为 0.9229,后者是前者的 1.15 倍。随着时间的延伸,各区域相对贫困指数都呈现增加趋势,在 2002 年森林资源丰裕区相对贫困指数达到最大值,为 2.0794。此时,森林资源不丰裕区相对贫困指数为 1.2895,前者为后者的 1.61 倍,2002 年之后,二者的差距逐年缩小,在 2010 年之后,森林资源不丰裕区相对贫困状况超过了森林资源丰裕区。

　　4.2.4.2　各区域相对贫困广度变动趋势分析

　　从图 4－3 中可以看出,我国整体上相对贫困广度呈现波动上升的趋势,说明在 1986－2012 年间,相对贫困的发生规模在逐年增加,结合表 4－2 可知,在 1986 年,约有 34.28％的人处于相对贫困线以下,而在 2012 年,相对贫困的发生概率高达 47.17％,比 1986 年增加了 12.89 个百分点。

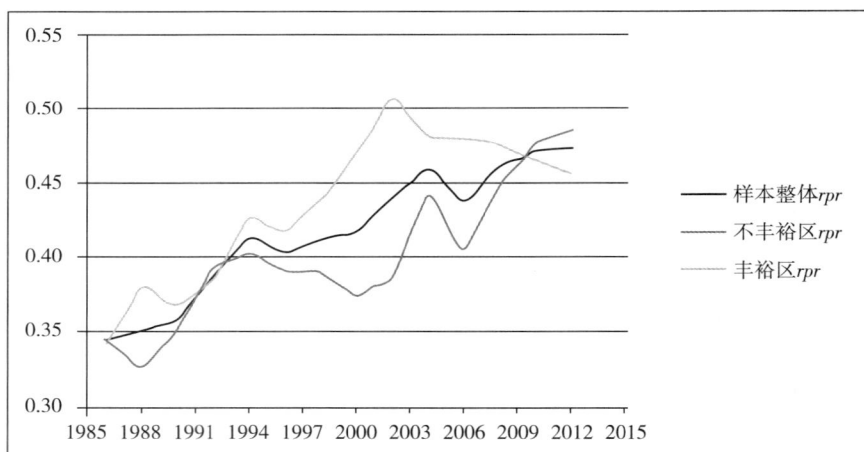

图 4－3　各区域相对贫困广度 rpr 变化趋势(1986－2012)

　　不同森林资源丰裕区相对贫困的发生规模是不同的,与相对贫困的综合指数变动类似。在整个研究时期内,森林资源丰裕区相对贫困发生广度约为 0.4360,大于森林资源不丰裕区 0.4001,说明森林资源丰裕区相对贫困的发生概率比森林资源不丰裕区要高 3 个百分点。具体来看,除 2010、2011 及 2012 年外,在 1986－2010 年间,森林资源丰裕区的相对贫困广度 rpr 均大于森林资源不丰裕区,说明相比森林资源不丰裕区,森林资源丰裕区有更多的居民容易陷入相对贫困之中。

　　4.2.4.3　各区域相对贫困深度变动趋势分析

　　从图 4－4 中可以看出,我国整体上相对贫困深度呈现波动上升的趋势,说明在

1986－2012 年间,相对贫困的发生深度在逐年增加,改善相对贫困难度也逐年增强。结合表 4－2 可知,在 1986 年,居民收入最高的 40％收入组的加权收入水平是 60％最低收入组加权收入水平的 2.44 倍,而在 2008 年这一差别拉大到 3.86 倍,尽管 2008 年之后这一差距有一定程度的减弱,但在 2012 年这一差距仍有 3.61 倍。表明我国整体上收入差距逐年拉大,减缓相对贫困所需资金也逐年增加。

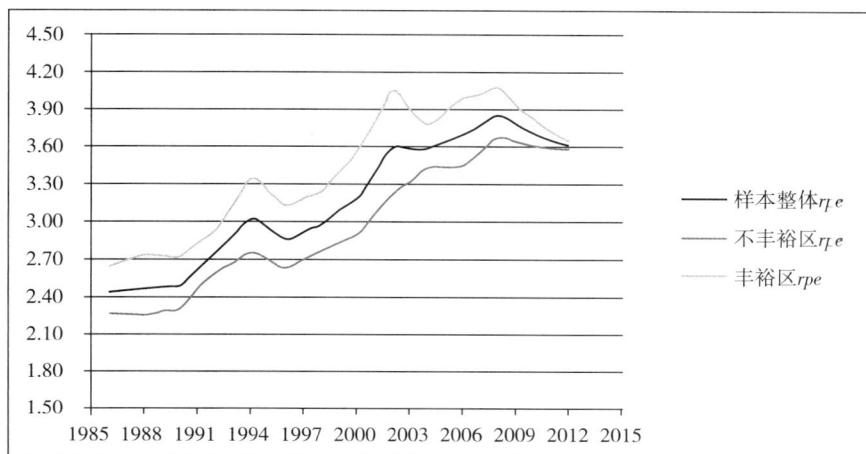

图 4－4　各区域相对贫困深度 rpe 变化趋势(1986－2012)

不同森林资源丰裕区相对贫困的发生深度是不同的,各区域相对贫困收入组与非贫困收入组的差距均呈现逐年增加的趋势,从图 4－4 中可以看出,各区域相对贫困深度的变化趋势相似。在整个研究时期内,森林资源丰裕区相对贫困深度约为 3.4165,大于森林资源不丰裕区 2.964,说明森林资源丰裕区相对贫困收入组与非贫困收入组之间的差距更大。具体来看,在 1986－2012 年间,森林资源丰裕区的相对贫困深度 rpe 均大于森林资源不丰裕区,说明相比森林资源不丰裕区,森林资源丰裕区相对贫困更严重,扶贫难度也更大。

综上可知,相对森林资源不丰裕区,森林资源丰裕区的相对贫困状况更为严重,从各区域相对贫困的发生广度和深度来看,森林资源丰裕区相对贫困发生规模显著大于森林资源不丰裕区,相对贫困的深度也更为严重,这种耦合现象似乎预示着森林资源存在"资源诅咒",也即丰裕的森林资源可能会提升相对贫困的发生。

4.3　森林资源对相对贫困影响的初步统计观察

从区域相对贫困状况及变动趋势可以看出,森林资源丰裕区相对贫困发生广度、深度以及综合指数都要明显高于森林资源不丰裕区,似乎预示着森林资源丰裕度对区域相对贫困之间呈现正向相关,以相对贫困作为研究对象,森林资源可能存在资源诅咒。为了更清楚的描述二者之间的关系,我们分别从两个层面对森林资源与相对贫困的关系进行初步统计观察,其一,从空间整体上判断各省区森林资源丰裕度均值与其相对贫困间的关系;其二,利用空间分类,从时间进程上对两者相对变化趋势进行观察。

4.3.1 森林资源丰裕度与相对贫困关系的空间观测

通过对各省区样本的经验观察,可以了解森林资源与相对贫困之间的基本关系。本研究所用样本与前文相同,样本年限为 1986－2012 年。以样本年限内各省区相对贫困综合指数 rpi 均值作为相对贫困变量,各省区 1986－2012 年间人均森林蓄积量均值作为森林资源丰裕度指数。可以绘制两者之间的散点图,如图 4-5 所示。可以看出森林资源丰裕度与相对贫困呈正的相关关系,这说明在不考虑其他因素的基础上,森林资源更丰裕的区域其相对贫困更为严重,森林资源丰裕度每提高一个百分点,相对贫困指数将上升 0.0279 个百分点,森林资源资源诅咒可能存在。

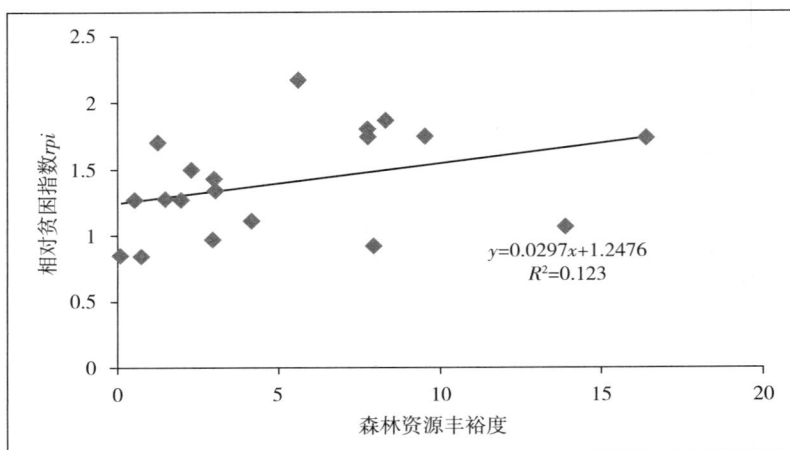

图 4-5 森林资源丰裕度与相对贫困空间观测

4.3.2 森林资源丰裕度与相对贫困关系的时间观测

区域森林资源丰裕度与相对贫困之间关系的空间观测是对整个研究时期内相关变量均值的衡量,难以体现二者在时间变动中的关系,为了从时间变化上进一步了解二者的关系,我们对区域森林资源丰裕度与相对贫困的相互变动进行了时间观测,如图 4-6 及图 4-7 所示。

图 4-6 及图 4-7 显示,在 1986－2012 年间,区域森林资源丰裕度与相对贫困呈正相关关系,在不考虑其他因素影响的情况下,随着时间的延伸,森林资源丰裕度与相对贫困呈现同向变化趋势,森林资源丰裕度指数 re 每升高 1%,整体相对贫困指数 rpi 也将上升 0.438%。

综上可知,在不考虑其他因素影响的情况下,无论是从区域空间结构还是从时间角度分析,森林资源丰裕度与相对贫困都呈现正向相关关系,这说明在一定程度上,森林资源可能会通过某种途径对区域相对贫困产生影响。

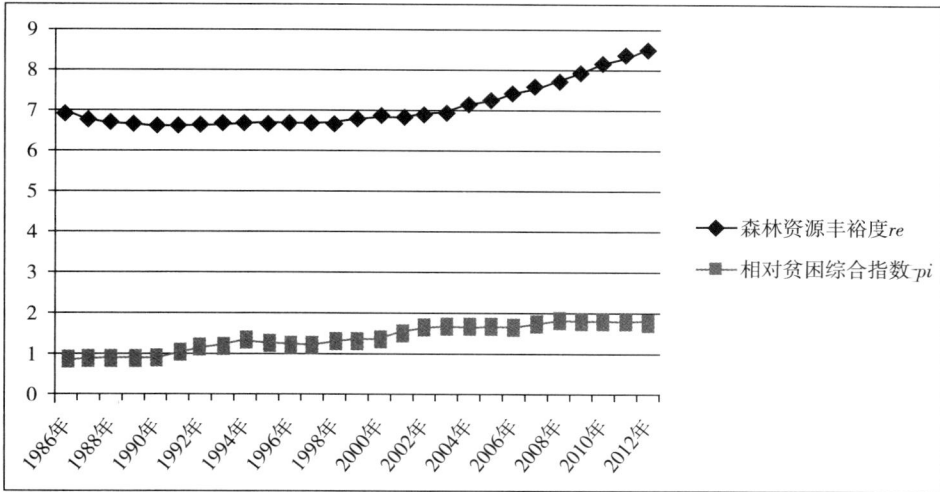

图 4-6　re 与 rpi 时间变动趋势

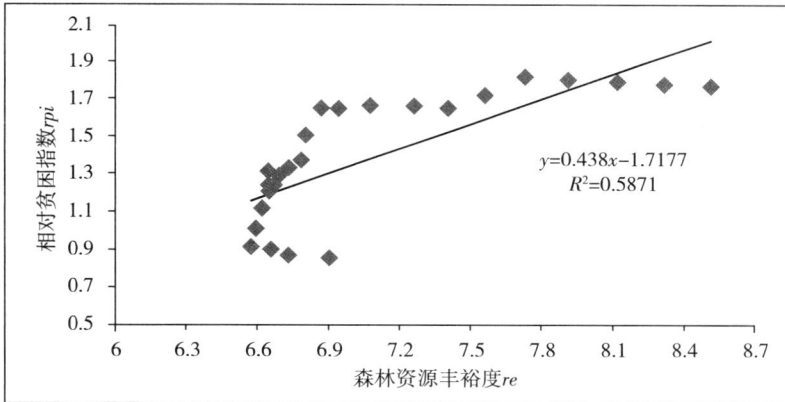

图 4-7　森林资源丰裕度与相对贫困相关关系

4.4　本章小结

本章在对相对贫困进行界定的基础上,对我国各区域相对贫困状况及其变动趋势进行了衡量,结果显示,我国各区域间相对贫困存在很大差别,以相对贫困综合指数 rpi 均值衡量的区域相对贫困大小显示。贵州省是我国相对贫困最为严重的区域,rpi 值为 2.1681,而北京市是相对贫困最小的地区,相对贫困综合指数 rpi 仅为 0.8412,是贵州省相对贫困的 38.8%;除个别省份外,区域相对贫困的发生广度及深度的变化与相对贫困综合指数相吻合。森林资源不丰裕区相对贫困综合指数为 1.2344,小于森林资源丰裕区的 1.5208,说明森林资源丰裕区相对贫困状况更为严重,在相对贫困发生广度及深度方面也呈现相似状况。区域相对贫困的变动程度显示,在相对贫困较轻和较严重区域,相对贫困较为稳定,具有一定持久性,而在其他区域内,相对贫困并不稳定。

从相对贫困变动趋势来看,我国整体及各区域相对贫困均呈现波动上升的趋势。在研究时期内,期末相对贫困指数比期初提升了 2 倍以上;而不同森林资源丰裕区内相对贫困变动趋势存在一定差异,森林资源丰裕区相对贫困呈现先上升后下降的趋势,在 2002 年左右出现相对贫困峰值,相对贫困综合指数约为 2.0794,而森林资源不丰裕区相对贫困则呈现逐年递增的趋势;从区域间相对贫困指数大小分析,除个别年份外,森林资源丰裕区相对贫困状况始终大于森林资源不丰裕区。

进一步对森林资源丰裕度与区域相对贫困进行统计观测,结果显示,在不考虑其他因素影响的情况下,无论是从区域空间结构还是从时间角度分析,森林资源丰裕度与相对贫困都呈现正向相关关系。这说明在一定程度上,森林资源可能会通过某种途径对区域相对贫困产生影响。

第五章 不同森林资源丰裕区
相对贫困的经济增长因素分析

从相对贫困理论分析中可知,相对贫困是一个综合性指标,直接分析各因素对相对贫困的影响难以得出缓解区域相对贫困的有效措施,应该从不同层面对相对贫困影响因素进行分类考察;而相对贫困的理论分解显示经济增长及收入分配是影响相对贫困的两个主要途径,且二者存在相互影响。本章我们首先从经济增长这一单一层面进行分析,考察不同森林资源丰裕区包括森林资源丰裕度在内的要素配置对区域经济增长的影响。

结合不同的经济增长模型可知,区域人力资本、物资资本、储蓄状况、对外开放、资源禀赋差异等因素都是影响区域经济增长的重要变量。现实中,不同区域内经济增长方式并不相同,区域间经济增长速度也存在一定差异。尽管森林资源丰裕区内相对贫困状况更为严重,然而是否其区域经济增长也落后于森林资源不丰裕区?二者之间经济增长是否存在差异?森林资源是否在区域经济增长中发挥了作用,是否存在"森林资源诅咒"?本章将在实证分析中对以上问题作出解答。除此之外,本章的目的还在于探索区域经济增长的主要影响因素,分析不同区域间经济增长方式的差异,为区域相对贫困传导路径做基础性分析。

5.1 区域经济增长现状

我国区域经济增长并不均衡,这种不均衡主要体现在区域经济总量及区域经济增长率的差异两个方面。本文首先利用描述性统计的方法分别从时间和空间两个维度对不同森林资源丰裕区经济增长总量及经济增长率状况进行了分析和观测。

5.1.1 区域实际人均 GDP 差异性分析

区域实际人均 GDP 的大小可以客观的描述地区经济总量水平,一般情况下实际人均 GDP 越高的地区经济发展状况越好;反之,则可能出现更多的贫困问题。在实际计算中,本文区域实际人均 GDP 以 1985 年为基期,利用各地区的国民生产指数进行了转化。

5.1.1.1 时间维度分析

我国各区域间经济发展的起点并不相同,从调查起始年份就已经表现出了明显的区域差异。表5-1描述了森林资源丰裕区、森林资源不丰裕区及我国整体的区域实际人均GDP的变动情况,从中可以看出,1985年,森林资源丰裕区实际人均GDP约为523.49元,而森林资源不丰裕区这一数值为1048.01元,是前者的2.002倍,二者之间有明显的差距;随着时间的变化,尽管两者在总量上都有增加,但这种差异始终稳定的存在;在2012年,森林资源丰裕区实际人均GDP约为6697.9元,而不丰裕区的实际人均纯收入为13504.26元,后者是前者的2.02倍左右。从各区域整体经济总量上来看,森林资源丰裕区与森林资源不丰裕区之间经济差距明显存在,前者并未因丰裕的森林资源而实现区域间经济总量的趋同。

表5-1　区域人均实际GDP　　　　　　　　　　　　　　　　（单位:元）

时间	1985 年	1986 年	1987 年	1988 年	1989 年	1990 年	1991 年
丰裕区均值	523.49	597.07	636.25	684.18	741.10	753.26	813.70
不丰裕区均值	1048.01	1217.38	1292.75	1406.07	1556.16	1559.15	1692.79
整体均值	811.97	938.24	997.32	1081.22	1189.39	1196.50	1297.20
时间	1992 年	1993 年	1994 年	1995 年	1996 年	1997 年	1998 年
丰裕区均值	898.53	1008.87	1124.50	1233.04	1354.11	1485.00	1604.78
不丰裕区均值	1952.60	2263.90	2590.46	2859.31	3177.16	3498.88	3821.73
整体均值	1478.27	1699.14	1930.78	2127.49	2356.79	2592.63	2824.10
时间	1999 年	2000 年	2001 年	2002 年	2003 年	2004 年	2005 年
丰裕区均值	1722.35	1857.54	2002.43	2188.40	2415.58	2687.52	3011.59
不丰裕区均值	4150.35	4273.04	4705.77	5144.36	5687.94	6351.79	7066.43
整体均值	3057.75	3186.06	3489.27	3814.18	4215.38	4702.87	5241.75
时间	2006 年	2007 年	2008 年	2009 年	2010 年	2011 年	2012 年
丰裕区均值	3373.32	3808.61	4257.21	4735.42	5374.67	6030.60	6697.90
不丰裕区均值	7869.14	8817.41	9604.52	10430.99	11384.13	12467.53	13504.26
整体均值	5846.02	6563.45	7198.23	7867.98	8679.87	9570.91	10441.40

图5-1非常清楚的描述了不同森林资源丰裕区实际人均纯收入随时间的变动趋势。从图中可以看出各区域实际人均GDP都呈现出逐年增长的趋势,在1985-1998年前后,增长速率相对较慢,而在1999年之后,各区域实际人均GDP均呈现快速增长的趋势。各区域实际人均GDP的大小显示,在调查年限内,森林资源不丰裕区的实际人均GDP都高于森林资源丰裕区,说明森林资源不丰裕区域的整体经济状况在总量上始终要优于森林资源丰裕区。除此之外,从图5-1中还可以看出尽管二者差距倍数差距变化不大,但总量差距在逐年拉大。

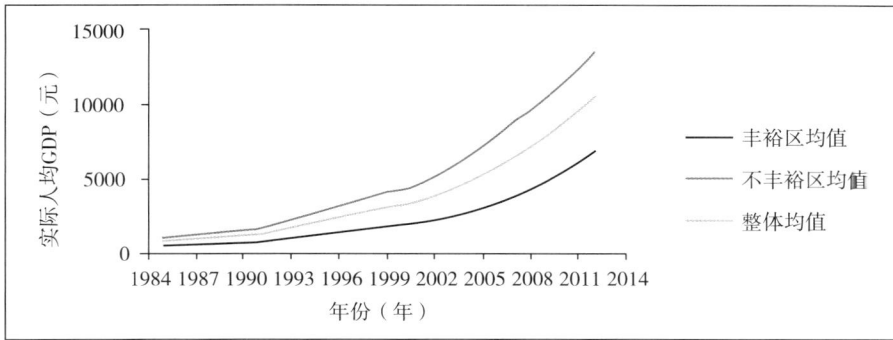

图 5-1　区域实际人均纯收入时间变动趋势

5.1.1.2　空间维度分析

除了考察我国森林资源丰裕区实际人均纯收入的时间趋势特征之外,我们还以1985—2012 年各区域实际人均 GDP 均值为指标,考察了不同森林资源丰裕区的空间特征。图 5-2 及表 5-2 描述了各地区实际人均 GDP 的大小,图中各地区从左至右的排列顺序是按照各地区森林资源丰裕度大小进行的,其中左边 11 省份上海、江苏、北京、河北、河南、安徽、山西、浙江、广东、湖北、辽宁为森林资源不丰裕区,其他省份为森林资源丰裕区。从整体来看,森林资源不丰裕区实际人均 GDP 约为 4907.28 元,而森林资源丰裕区实际人均纯收入约为 2209.99 元,仅为前者的 45%。不仅如此,处于森林资源不丰裕区的各地区实际人均 GDP 基本上小于森林资源不丰裕区这一数值。具体来看,在调查样本范围内,实际人均 GDP 最低的五个省份分别为贵州、广西、青海、甘肃和陕西,均处于森林资源丰裕区,其中贵州实际人均 GDP 最低,仅为 1285.13 元;而实际人均 GDP 较高的五个省份如上海、江苏、浙江、北京及广东均处于森林资源不丰裕区,其中上海实际人均 GDP 最高,约为 10914.68 元,约为贵州省的 8.49 倍。

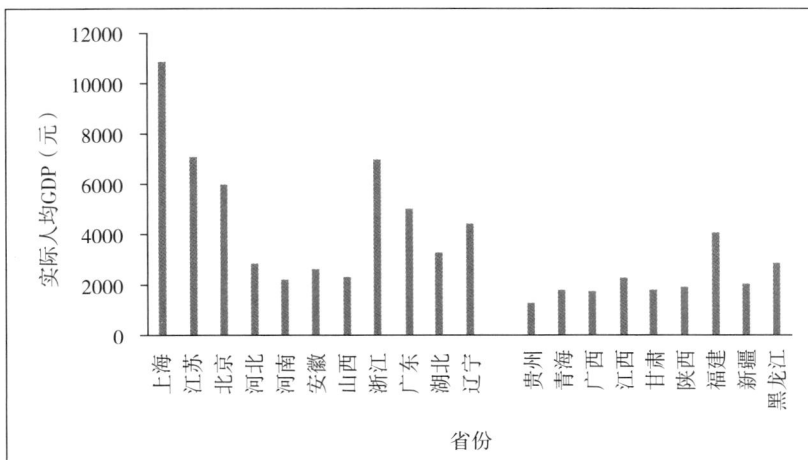

图 5-2　区域实际人均纯收入

表 5-2　各地区实际人均纯收入(元)

森林资源不丰裕区	实际人均 GDP	森林资源丰裕区	实际人均 GDP
上　海	10914.68	贵　州	1285.13
江　苏	7126.24	青　海	1786.13
北　京	6034.86	广　西	1747.34
河　北	2904.66	江　西	2289.56
河　南	2233.61	甘　肃	1821.61
安　徽	2649.19	陕　西	1942.23
山　西	2293.11	福　建	4060.73
浙　江	7015.20	新　疆	2072.30
广　东	5046.98	黑龙江	2884.85
湖　北	3294.75	均值	2209.99
辽　宁	4466.82		
均值	4907.28		

从以上各地区实际人均 GDP 状况来看,森林资源丰裕区经济存量要远小于森林资源不丰裕区,无论是在空间分布还是在随时间变化的过程中,这种状况都显著存在。

5.1.2　区域经济增长率对比分析

5.1.2.1　时间维度分析

利用各地区实际人均 GDP 的年均变化率代表区域经济增长率对我国整体及不同森林资源丰裕区进行了长时期的观测和分析,见表 5-3 及图 5-3 所示。表 5-3 显示,在 1986—2012 整个时期内森林资源丰裕区及森林资源不丰裕区实现了同步增长,前者平均经济增长率为 9.96%,说明我国在过去 20 多年内森林资源丰裕区的实际人均 GDP 年均增幅约为 9.96%;这一数值略小于森林资源不丰裕区的 10.55%。具体观测各年份两者的大小可以发现,除了个别年份外,森林资源丰裕区的平均经济增长率都要小于森林资源不丰裕区。

表 5-3　区域经济增长率

时间	1986	1987	1988	1989	1990	1991	1992
丰裕区经济增长率	0.1447	0.0669	0.0755	0.0807	0.0161	0.0797	0.1043
不丰裕区经济增长率	0.1754	0.0745	0.0953	0.0978	0.0032	0.0779	0.1521
整体经济增长率	0.1616	0.0711	0.0864	0.0901	0.0090	0.0787	0.1306
时间	1993	1994	1995	1996	1997	1998	1999
丰裕区经济增长率	0.1219	0.1092	0.0932	0.0937	0.0907	0.0779	0.0710

（续表）

时间	1993	1994	1995	1996	1997	1998	1999
不丰裕区经济增长率	0.1602	0.1426	0.1119	0.1118	0.1029	0.0895	0.0799
整体经济增长率	0.1430	0.1275	0.1035	0.1037	0.0974	0.0843	0.0759
时间	2000	2001	2002	2003	2004	2005	2006
丰裕区经济增长率	0.0861	0.0737	0.0923	0.1025	0.1121	0.1261	0.1183
不丰裕区经济增长率	0.0509	0.0976	0.0944	0.1076	0.1201	0.1223	0.1201
整体经济增长率	0.0667	0.0868	0.0934	0.1053	0.1165	0.1240	0.1193
时间	2007	2008	2009	2010	2011	2012	均值
丰裕区经济增长率	0.1289	0.1171	0.1122	0.1367	0.1241	0.1127	0.0996
不丰裕区经济增长率	0.1274	0.0959	0.0917	0.1019	0.1031	0.0875	0.1055
整体经济增长率	0.1281	0.1054	0.1009	0.1176	0.1125	0.0988	0.1028

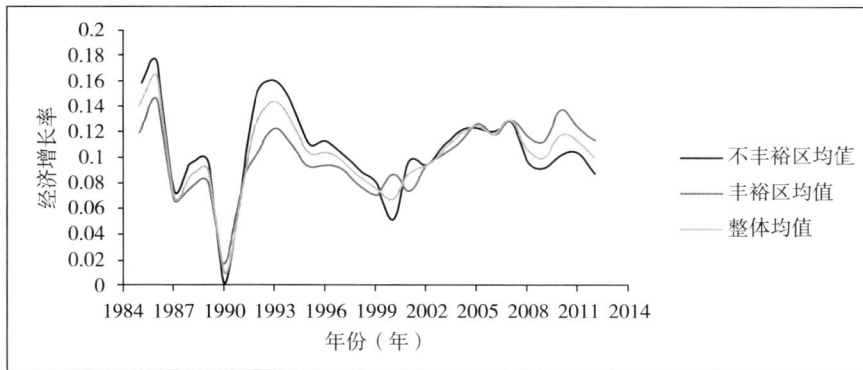

图 5-3　区域经济增长率时间变动趋势

图 5-3 可以清楚地观测到在 1986—2012 年间森林资源不同丰裕区内的经济增长率的变化趋势。从图中可以看出,我国整体平均经济增长率及各森林资源丰裕区的平均经济增长率基本上保持相同的变动趋势,并且在 2007 年以前,森林资源不丰裕区平均经济增长率要明显高于森林资源丰裕区,而 2007 年之后森林资源丰裕区经济增长速度有了一定改善,并超过了森林资源不丰裕区。从经济增长率的波动趋势来看,在 2000 年以前,不同森林资源丰裕区的平均经济增长率变化幅度较大,经济增长并不稳定。在 1986—1990 年间,尽管各区域经济增长率保持正向增长,但是经济增长速度逐年减小;在 1990 年出现了经济周期的谷底;1990 年之后,经济开始快速增长,基本维持在 10% 左右,而受 1998 年经济危机的影响,经济增长速度在 1996 年左右开始减缓;到 1999 年左右出现了又一次波动的谷底;自 2000 年之后,各区域平均经济增长率趋于稳定,并呈现逐年波动上升的趋势。

5.1.2.2 空间维度分析

图 5-4 及表 5-4 描述了各地区 1986—2012 年平均经济增长率,用以显示各地区经济增长的空间差异。结果显示,在调查时期内,尽管森林资源丰裕区经济增长率略小于森林资源不丰裕区经济增长率,但二者并未有大的差别。人均经济增长率最快的五个省份分别为江苏、浙江、福建、广东和安徽,其中福建处于森林资源丰裕区,而另外四个省份则都位于森林资源不丰裕区。而人均经济增长率最低的五个省份北京、上海、新疆、黑龙江和山西,也有三个省份北京、上海和山西位于森林资源不丰裕区,其他几个省份均位于森林资源丰裕区,这一结果说明森林资源对区域经济增长率的影响可能并不存在。

表 5-4　各地区平均经济增长率

森林资源不丰裕区	平均经济增长率	森林资源丰裕区	平均经济增长率
上　海	0.0811	贵　州	0.0957
江　苏	0.1302	青　海	0.0894
北　京	0.0769	广　西	0.1073
河　北	0.1054	江　西	0.1071
河　南	0.1085	甘　肃	0.0961
安　徽	0.1145	陕　西	0.1029
山　西	0.0892	福　建	0.1256
浙　江	0.1289	新　疆	0.0840
广　东	0.1167	黑龙江	0.0879
湖　北	0.1091	均值	0.0996
辽　宁	0.0995		
均值	0.1055		

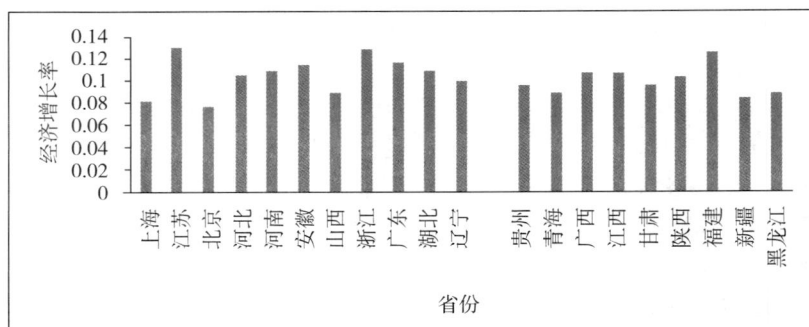

图 5-4　各地区经济增长率

5.1.3　区域经济增长现状总结

通过对我国整体及不同森林资源丰裕区经济总量及经济增长率的统计观察可以看出,在过去的近 30 年中,我国森林资源不丰裕区与森林资源丰裕区之间的经济总量存在明显差距,前者始终高于后者,并且这种趋势并未随着时间的推移而缓解;从空间区域判断可以发现,经济总量较高的五个省份全部位于森林资源不丰裕区,而较低的五个省份全部位于森林资源丰裕区。这一状况说明,森林资源的优势并为转化为经济增长的动力,相反,森林资源丰裕的地区均存在经济整体状况较弱的现象。

各区域经济增长率的统计结果显示,我国整体及各森林资源丰裕区之间经济增长率的差异并不明显,尽管森林资源丰裕区的年均经济增长率要略小于森林资源不丰裕区,但统计结果显示这种差异非常微小,无论是从时间趋势来看,还是从空间区域进行分析,两者之间差别并不明显。这一结果似乎说明了森林资源丰裕度与区域经济增长之间可能并不存在必然的联系。

5.2　区域经济增长影响变量的选择与研究假设

参考已有文献,并考虑到数据的可得性,文章界定区域经济增长的影响因素主要有以下几类:

5.2.1　传统经济变量

(1)滞后的经济总量(GP1)

根据新古典经济增长理论的思想,初始经济水平对经济增长速度有很大的影响,这种影响来自两个方面。一是由于资本的边际收益递减,不同的经济单位(国家或地区),其经济增长速度和初始经济水平呈负相关,即初始人均 GDP 越低,经济体也将越快的收敛于均衡点,经济增长速度要快于初始人均 GDP 更高的经济单位,从而出现经济的收敛现象。与之相反,第二个方面是经济增长的速度与初始静态指标正相关,即经济发达地区,其经济增长的速度依然高于初始条件较差的经济体,从而产生发散的经济增长,出现"富者愈富,贫者更贫"的马太效应。为了控制各区域初始经济状态的差异,减少经济发展惯性对经济增长的影响,我们引入滞后一期的实际人均 GDP,近似替代各区域初始经济状况。从新古典经济增长理论中可知,这一指标的影响作用难以确定。

(2)物质资本的投入水平(WZ)

物质资本是经济发展的重要动力,可以通过改善资源配置,诱导技术创新等手段促使经济增长。在区域经济发展中,物质资本积累的作用更是起到了举足轻重的作用。这是因为各区域生产专业化和劳动分工并不相同,与发达地区相比,不发达区域同等规模的经济所需要的物质资本量越大;除此之外,物质资本还可投资于公共事业,直接提高区域福利水平。

本文采用全社会固定资产投资占地区 GDP 比重来衡量,该指标越大,表明该地区对基础设施等的投入越大,有利于各产业的发展,从而促进地区经济的增长,预期其系数符号为正。

(3)人力资本存量水平(RL)

根据美国经济学家舒尔茨和贝克尔的人力资本理论,人力资本是指存在于人体之中的具有经济价值的知识、体能和体力(健康状况)等质量因素之和。在经济增长过程中,人力资本可以实现边际报酬递增,从而实现持续的经济增长,相比较物质资本,人力资本的作用更加明显。在对人力资本衡量的过程中人力资本的流量及存量的概念都被广泛应用(邵帅,2010);相对于人力资本的流量(可用教育支出占地方财政支出比例等指标衡量),人力资本存量水平真正起到了助推经济增长的作用。本书采用大多研究中的做法,采用地区具有大专及以上学历的人口占地区年底总人口的比重衡量,并预期其系数符号为正。

(4)科技创新水平(KJ)

科技创新和技术进步是区域经济发展中被普遍认可的重要因素,可以直接提升地区生产力,本书选取从事科研和技术服务活动人数占总从业人员比重进行衡量,预期其系数为正。

(5)居民储蓄能力(CX)

在新古典经济增长理论中,储蓄率的高低直接决定了物质资本的积累速度,从而对经济产生影响。在本研究中,采用人均城乡居民储蓄年末余额的变化量与地区 GDP 的比值来度量不同地区居民的储蓄能力,用于考察该指标对经济发展的影响,预期其系数为正。

(6)对外开放程度(KF)

对外开放程度是地区市场化发展状况的替代,是经济快速发展的必要条件,由于这一指数难以通过具体的指标进行实际衡量,本研究采用大多数研究中的做法,利用地区实际利用外商直接投资占 GDP 的比重进行替代,并预期其系数为正。

(7)政府干预程度(ZF)

由于市场失灵的存在,政府对经济的干预会对地区经济发展效率产生显著影响。新制度经济学中认为只有实施有效的制度,才能实现持续的经济增长。本书参照丁菊红(2007)的做法,采用扣除教育和科学事业支出后的财政支出占 GDP 的比重进行度量,反映各地区政府的干预程度,这一指标对经济增长的作用难以判断。

(8)地理区位因素(DL)

地理位置对地区经济发展会产生重要的影响,徐康宁等(2005)通过经验分析,认为区位条件对地区经济发展的影响很大,它通过影响市场可达性、交通成本与技术扩散成本等作用于经济增长。本书利用各地区道路密度即地区道路里程与地区面积的比值来衡量,并预期其系数为正。

5.2.2　森林资源变量

资源经济理论显示,资源对经济的影响是复杂的。丰富的自然资源是区域经济生产的物质基础,它可以通过提升劳动生产率和促进物质资本积累等路径改善区域经济发展状况;但区域经济发展的现实状况又显示,资源丰裕地区的经济发展速度往往落后于资源匮乏地区,丰富的自然资源禀赋又存在一定的资源诅咒。

从前文对森林资源丰裕区及森林资源不丰裕区经济增长状况来看,尽管森林资源丰裕区经济存量显著低于森林资源不丰裕区,但是从经济增长率来看,两者之间并不存在明显的差别。结合森林资源的特点可知,森林资源对区域经济增长并不存在阻碍作用,这主要体现在以下几个方面:其一,丰裕的森林资源可以改善地貌,并通过减少灾害的发生而提升区域公共设施状况,从而吸引物质资本投资和具有企业家创新才能的人才进入;其二,丰裕的森林资源可以提供就业机会(Linda Roengren 2012),尤其对林区农村经济影响巨大,森林资源可以通过增加林农整体劳动时间来提升总收入;其三,森林资源中非木质林产品以及林木产品可为林农提供持续的收入来源,是应对风险的天然保险(Mc-Sweeney,2005),可作为林农的一种自然储蓄;其四,丰裕的森林资源可以吸引更多国家财政补贴和林业基础设施建设投资(张晓静,2009),尤其是 1998 年之后,这种林业补贴和投资可以间接促进区域经济的增长。

本书在对森林资源变量的选择中,利用森林资源丰裕度(RE)进行表示,相对其他森林资源指标的优点在前文中已经说明,此处不再赘述,此处,假设森林资源丰裕度对区域经济增长难以确定。

5.2.3　空间变量

区域经济发展理论显示,区域经济的发展不仅与自身的历史发展过程有关,还将依赖于该地区与周围区域的空间相关程度(何雄浪,2013)。在研究区域经济增长的过程中,我们通过引入空间权重矩阵对区域空间相关性进行控制。

空间权重矩阵表征空间单元之间的相互依赖性与关联程度,在实证研究中,一般会采用邻近标准或距离标准来计算空间权重矩阵。按照邻近标准设定的空间权重矩阵,根据空间单元是否相邻而设置 0、1 形式的二进制链接矩阵,然而这种赋值难以体现非相邻空间单元之间的差别,不能准确表示各空间单元之间的联系。WR·Tobler(1970)等在此基础上利用距离标准设置空间权重矩阵,解决了二进制链接矩阵的不足。其表达式如下:

$$W_{ij} = 1/d_{ij}^2 (i \neq j)$$

$$W_{ij} = 0 (i = j)$$

其中 i、j 为空间单元编号,W_{ij} 为第 i 与第 j 个空间单元的空间权重,d_{ij} 为 i 和 j 两个空间单元的地理中心位置的距离。

基于以上分析,在考虑区域经济发展相互依赖的情况下,影响区域经济增长的变量主要包括滞后的经济总量(GP1)、物质资本的投入水平(WZ)、人力资本的存量水平(RL)、科技创新投入水平(KJ)、居民储蓄能力(CX)、对外开放程度(KF)、政府干预程度(ZF)、地理区位因素(DL)以及森林资源丰裕度(RE)。表 5-5 对各影响因素变量的设定和研究假设进行了总结。

表 5-5 影响因素变量设定及研究假设

变　量	公　式	符号	影响效应假设
滞后的经济总量(元)	$\ln GDP(t-1)$	GP1	不确定
物质资本的投入水平(%)	全社会固定资产投资/地区 GDP	WZ	＋
人力资本的存量水平(%)	大专及以上学历的人口/地区年底总人口	RL	＋
科技创新的水平(%)	从事科研和技术服务活动人数/总从业人员	KJ	＋
居民储蓄能力(%)	人均城乡居民储蓄年末余额增加量/地区 GDP	CX	＋
对外开放程度(%)	地区实际利用外商直接投资/地区 GDP	KF	＋
政府干预程度(%)	扣除教育和科学事业支出后的财政支出/地区 GDP	ZF	不确定
地理区位因素(千米/平方千米)	地区道路里程/地区面积	DL	＋
森林资源丰裕度(立方米/人)	森林资源蓄积量/地区年底总人口	RE	不确定

以上各变量所需数据均来自 1986—2012 年的《中国林业统计年鉴》《中国农村统计年鉴》《中国统计年鉴》及各省区统计年鉴。同时,为了剔除价格因素的影响,所有以货币为单位的数据均以 1985 年为基准的不变价格进行计算处理。

5.3　区域经济增长素变量的统计性描述

5.3.1　经济增长变量区域差异性分析

我国不同森林资源丰裕区经济增长影响因素变量的统计性描述见表 5-6。

从表 5-6 所列各变量的统计描述来看,在 1986—2012 年间,我国整体上人均 GDP 约为 3553.88 元,小于森林资源不丰裕区,但是大于森林资源丰裕区。森林资源不丰裕区人均 GDP 约为 4736 元,是森林资源丰裕区人均 GDP 的 2.25 倍,这一统计结果与前文对两个区域经济总量的判断相一致。从变异系数来看,我国整体上人均 GDP 在过去 20 多年中变动较大,区域之间人均 GDP 发展并不均衡,森林资源不丰裕区的变异系数大于森林资源丰裕区,说明在森林资源不丰裕区内部,人均 GDP 的差异要大于森林资源丰裕区。

从储蓄率的大小及变异系数来看,森林资源不丰裕区的储蓄率为 0.1073,变异系数为 0.4432,均大于森林资源丰裕区,说明森林资源不丰裕区具有更强的储蓄能力,但是该区域内储蓄变动程度也更大。全社会物质资本的投入显示,森林资源丰裕区的投入为 0.4240,大于森林资源不丰裕区的 0.4063,这在一定程度上说明了相对于森林资源不丰裕区,森林资源丰裕区在经济发展的过程中投入了更多的物质资本,从变异系数大小来看,森林资源丰裕区的物质资本变异系数更大,为 0.4218,说明森林资源丰裕区内部各地区间物质资本的投入使用水平差异性更大。森林资源不丰裕区的人力资本水平均值为 0.016,要大于森林资源丰裕区 0.0119,并且森林资源不丰裕区人力资本的变异程度也更小,说明森林资源不丰裕区人力资本的投资更为均衡。科技创新能力在森林资源丰裕区与森林资源不丰裕区之间差别不大,均为 0.017 左右,但是森林资源不丰裕区的科技创新水平在区域间变异程度要明显大于森林资源丰裕区。

表 5-6　各区域影响因素变量统计性描述

区域类别	变量名称	最大值	最小值	平均值	标准差	变异系数
整体	GP1	23265.6448	348.8024	3553.8798	3782.5247	1.0643
	CX	0.2904	0.0012	0.1021	0.0423	0.4138
	WZ	0.9946	0.1649	0.4143	0.1620	0.3910
	RL	0.0492	0.0022	0.0141	0.0114	0.8112
	KJ	0.0858	0.0052	0.0174	0.0143	0.8256
	ZF	0.9478	0.6219	0.7511	0.0412	0.0548
	KF	0.2221	0.0001	0.0284	0.0318	1.1190
	DL	5.5744	0.3874	3.5240	1.0356	0.2939
森林资源不丰裕区	GP1	23265.6448	445.7639	4736.6569	4493.7855	0.9487
	CX	0.2904	0.0012	0.1073	0.0476	0.4432
	WZ	0.9339	0.1757	0.4063	0.1462	0.3599
	RL	0.0492	0.0022	0.0160	0.0121	0.7567
	KJ	0.0753	0.0058	0.0177	0.0159	0.9021
	ZF	0.8458	0.6240	0.7462	0.0411	0.0551
	KF	0.2221	0.0009	0.0362	0.0339	0.9372
	DL	5.5744	3.0478	4.0664	0.6135	0.1509
森林资源丰裕区	GP1	11678.6384	348.8024	2108.2632	1820.1899	0.8634
	CX	0.1894	0.0055	0.0959	0.0337	0.3515
	WZ	0.9946	0.1649	0.4240	0.1789	0.4218
	RL	0.0419	0.0022	0.0119	0.0102	0.8590
	KJ	0.0858	0.0052	0.0170	0.0121	0.7106
	ZF	0.9478	0.6219	0.7571	0.0404	0.0534
	KF	0.1904	0.0001	0.0189	0.0259	1.3743
	DL	4.6054	0.3874	2.8610	1.0602	0.3706

从政府的干预程度来看,森林资源丰裕区内政府的干预程度为 0.7571,大于森林资源不丰裕区的 0.7462,并且该指标的变异系数也显示,在森林资源丰裕区内政府干预的变化程度更小,说明在整体时期内森林资源丰裕区内部政府对经济发展的干预更严重。

森林资源不丰裕区对外开放程度为 0.0362,显著大于森林资源丰裕区的 0.0189,并且变异程度也更小,说明森林资源丰裕区内经济发展相对封闭,与国际市场联系并不密切。利用道路密度衡量的各区域地理区位信息发现,森林资源不丰裕区道路密度为 4.0664,远大于森林资源丰裕区,并且区域内部变异程度也更小,说明森林资源丰裕区道路交通状况与森林资源不丰裕区有一定的差别。

5.3.2　经济增长变量的时间变化趋势

表 5-7 至表 5-9 分别对我国整体及不同森林资源丰裕区的经济增长影响因素进行了时间变化的趋势分析,图 5-5 至 5-11 分别对各区域 1986—2012 年的经济增长变量的变化趋势进行了展示。结果显示,1986—2012 年间各区域储蓄率变化趋势基本相同,都维持在 0.1 左右上下浮动,但是波动幅度较大,最低值出现在 2007 年左右,各区域储蓄率为 0.3 左右。从图 5-5 中可以看出在大部分年份内,森林资源不丰裕区储蓄率高于森林资源丰裕区,但是在 2008 年之后,森林资源丰裕区储蓄率逐渐高于森林资源不丰裕区。

表 5-7　整体区域经济增长变量时间变化趋势(1986—2012)

变量	1986 年	1987 年	1988 年	1989 年	1990 年	1991 年	1992 年	1993 年	1994 年
GP1	811.97	938.24	997.32	1081.22	1189.39	1196.50	1297.20	1478.27	1699.14
CX	0.0812	0.0913	0.0644	0.0879	0.1121	0.1066	0.0960	0.1041	0.1408
WZ	0.3751	0.3931	0.3874	0.2589	0.2570	0.2714	0.2879	0.3454	0.3454
RL	0.0048	0.0049	0.0051	0.0052	0.0050	0.0049	0.0051	0.0058	0.0064
KJ	0.0119	0.0121	0.0117	0.0118	0.0245	0.0119	0.0119	0.0132	0.0131
ZF	0.7572	0.7461	0.7355	0.7396	0.7323	0.7410	0.7154	0.7207	0.6908
KF	0.0115	0.0119	0.0169	0.0121	0.0135	0.0148	0.0220	0.0408	0.0545
DL	3.0325	3.0561	3.0647	3.0711	3.0838	3.0964	3.1143	3.1364	3.1571
变量	1995 年	1996 年	1997 年	1998 年	1999 年	2000 年	2001 年	2002 年	2003 年
GP1	1930.78	2127.49	2356.79	2592.63	2824.10	3057.75	3186.06	3489.27	3814.18
CX	0.1463	0.1437	0.0946	0.0933	0.0732	0.0560	0.0921	0.1178	0.1300
WZ	0.3386	0.3384	0.3306	0.3530	0.3490	0.3524	0.3722	0.3915	0.4237
RL	0.0067	0.0072	0.0076	0.0081	0.0089	0.0097	0.0111	0.0125	0.0145
KJ	0.0128	0.0107	0.0134	0.0146	0.0150	0.0157	0.0152	0.0150	0.0219
ZF	0.7140	0.7817	0.7247	0.7662	0.7743	0.7792	0.7832	0.7817	0.7795
KF	0.0459	0.0502	0.0420	0.0377	0.0305	0.0272	0.0284	0.0295	0.0263
DL	3.1889	3.2090	3.2381	3.2665	3.2950	3.3327	3.5081	3.5391	3.5655

（续表）

变量	2004 年	2005 年	2006 年	2007 年	2008 年	2009 年	2010 年	2011 年	2012 年
GP1	4215.38	4702.87	5241.75	5846.02	6563.45	7198.23	7867.98	8679.87	9570.91
CX	0.1034	0.1151	0.0937	0.0394	0.1482	0.1249	0.1066	0.0896	0.1056
WZ	0.4409	0.4448	0.4788	0.5062	0.5341	0.6274	0.6539	0.6289	0.6996
RL	0.0207	0.0234	0.0257	0.0276	0.0289	0.0301	0.0305	0.0304	0.0302
KJ	0.0221	0.0227	0.0230	0.0229	0.0238	0.0245	0.0253	0.0235	0.0243
ZF	0.7863	0.7892	0.7898	0.7480	0.7425	0.7463	0.7503	0.7413	0.7223
KF	0.0343	0.0308	0.0319	0.0313	0.0284	0.0250	0.0238	0.0229	0.0225
DL	3.6076	3.6365	4.1906	4.2234	4.2517	4.2837	4.3081	4.3290	4.3614

表 5-8　森林资源不丰裕区经济增长变量时间变化趋势（1986－2012）

变量	1986 年	1987 年	1988 年	1989 年	1990 年	1991 年	1992 年	1993 年	1994 年
GP1	959.38	1108.96	1178.91	1281.37	1415.33	1421.18	1542.75	1772.97	2051.98
CX	0.0782	0.0898	0.0650	0.0924	0.1126	0.1104	0.0982	0.1033	0.1461
WZ	0.3639	0.3877	0.3821	0.2597	0.2574	0.2741	0.2895	0.3465	0.3583
RL	0.0053	0.0054	0.0056	0.0057	0.0055	0.0054	0.0056	0.0064	0.0071
KJ	0.0117	0.0119	0.0117	0.0118	0.0118	0.0117	0.0117	0.0126	0.0132
ZF	0.7498	0.7427	0.7345	0.7373	0.7293	0.7407	0.7132	0.7218	0.6917
KF	0.0138	0.0144	0.0209	0.0154	0.0175	0.0189	0.0291	0.0516	0.0679
DL	3.4538	3.4721	3.4783	3.4852	3.5014	3.5162	3.5383	3.5617	3.5883
变量	1995 年	1996 年	1997 年	1998 年	1999 年	2000 年	2001 年	2002 年	2003 年
GP1	2301.92	2597.80	2891.12	3189.28	3482.29	3778.95	3916.67	4301.57	4704.99
CX	0.1484	0.1500	0.0967	0.0968	0.0762	0.0508	0.0922	0.1231	0.1336
WZ	0.3494	0.3417	0.3280	0.3399	0.3303	0.3248	0.3343	0.3514	0.3883
RL	0.0077	0.0081	0.0086	0.0092	0.0101	0.0108	0.0123	0.0139	0.0163
KJ	0.0133	0.0098	0.0135	0.0147	0.0152	0.0159	0.0154	0.0149	0.0205
ZF	0.7158	0.7834	0.7238	0.7648	0.7716	0.7731	0.7782	0.7736	0.7753
KF	0.0491	0.0603	0.0526	0.0489	0.0400	0.0353	0.0370	0.0388	0.0351
DL	3.5980	3.6434	3.6754	3.7030	3.7315	3.7707	3.9401	3.9615	3.9877
变量	2004 年	2005 年	2006 年	2007 年	2008 年	2009 年	2010 年	2011 年	2012 年
GP1	5204.69	5811.80	6466.12	7213.28	8093.37	8851.09	9652.35	10589.69	11635.18

（续表）

变量	2004 年	2005 年	2006 年	2007 年	2008 年	2009 年	2010 年	2011 年	2012 年
CX	0.1042	0.1164	0.0930	0.0397	0.1518	0.1229	0.1005	0.0825	0.0998
WZ	0.4119	0.4215	0.4601	0.4885	0.5173	0.6013	0.6236	0.5749	0.6319
RL	0.0235	0.0265	0.0286	0.0301	0.0310	0.0319	0.0318	0.0315	0.0311
KJ	0.0201	0.0210	0.0214	0.0216	0.0230	0.0232	0.0243	0.0218	0.0222
ZF	0.7823	0.7887	0.7905	0.7460	0.7423	0.7439	0.7471	0.7356	0.7144
KF	0.0416	0.0373	0.0393	0.0392	0.0364	0.0316	0.0308	0.0298	0.0296
DL	4.0291	4.0576	4.5932	4.6159	4.6383	4.6546	4.6755	4.6923	4.7190

表 5-9　森林资源丰裕区经济增长变量时间变化趋势（1986-2012）

变量	1986 年	1987 年	1988 年	1989 年	1990 年	1991 年	1992 年	1993 年	1994 年
$GP1$	749.95	872.04	940.38	1024.65	1121.65	1131.66	1231.63	1412.24	1633.02
CX	0.0779	0.0849	0.0572	0.0799	0.1047	0.1001	0.0918	0.0962	0.1292
WZ	0.3587	0.3706	0.3714	0.2498	0.2481	0.2609	0.2847	0.3418	0.3331
RL	0.0041	0.0042	0.0044	0.0044	0.0042	0.0042	0.0044	0.0050	0.0055
KJ	0.0099	0.0101	0.0098	0.0098	0.0256	0.0100	0.0100	0.0107	0.0108
ZF	0.7571	0.7447	0.7366	0.7411	0.7348	0.7441	0.7187	0.7219	0.6917
KF	0.0122	0.0124	0.0155	0.0113	0.0119	0.0142	0.0235	0.0438	0.0563
DL	2.9450	2.9702	2.9771	2.9800	2.9902	2.9993	3.0138	3.0350	3.0555
变量	1995 年	1996 年	1997 年	1998 年	1999 年	2000 年	2001 年	2002 年	2003 年
$GP1$	1866.56	2081.83	2314.95	2544.61	2772.49	3003.84	3129.83	3420.98	3744.31
CX	0.1319	0.1299	0.0877	0.0837	0.0611	0.0523	0.0846	0.1097	0.1212
WZ	0.3298	0.3348	0.3235	0.3468	0.3418	0.3480	0.3696	0.3895	0.4211
RL	0.0060	0.0064	0.0068	0.0072	0.0079	0.0086	0.0097	0.0111	0.0130
KJ	0.0106	0.0108	0.0112	0.0123	0.0128	0.0130	0.0132	0.0135	0.0201
ZF	0.7122	0.7804	0.7236	0.7659	0.7739	0.7786	0.7818	0.7822	0.7794
KF	0.0487	0.0520	0.0419	0.0357	0.0296	0.0268	0.0284	0.0296	0.0261
DL	3.0898	3.1059	3.1270	3.1539	3.1807	3.2200	3.4297	3.4618	3.4862
变量	2004 年	2005 年	2006 年	2007 年	2008 年	2009 年	2010 年	2011 年	2012 年
$GP1$	4259.90	4618.76	5156.60	5755.27	6467.87	7115.80	7793.12	8965.04	9578.82
CX	0.0961	0.1074	0.0883	0.0332	0.1346	0.1178	0.1032	0.0855	0.1025
WZ	0.4288	0.4446	0.4741	0.5019	0.5323	0.6235	0.6517	0.6292	0.7063

（续表）

变量	2004 年	2005 年	2006 年	2007 年	2008 年	2009 年	2010 年	2011 年	2012 年
RL	0.0194	0.0217	0.0242	0.0262	0.0277	0.0291	0.0299	0.0304	0.0298
KJ	0.0213	0.0217	0.0218	0.0216	0.0223	0.0228	0.0237	0.0215	0.0219
ZF	0.7853	0.7884	0.7867	0.7461	0.7418	0.7468	0.7511	0.7401	0.7217
KF	0.0350	0.0313	0.0313	0.0298	0.0267	0.0233	0.0216	0.0218	0.0204
DL	3.6495	3.5559	4.1262	4.1612	4.1924	4.2288	4.2549	4.4080	4.3112

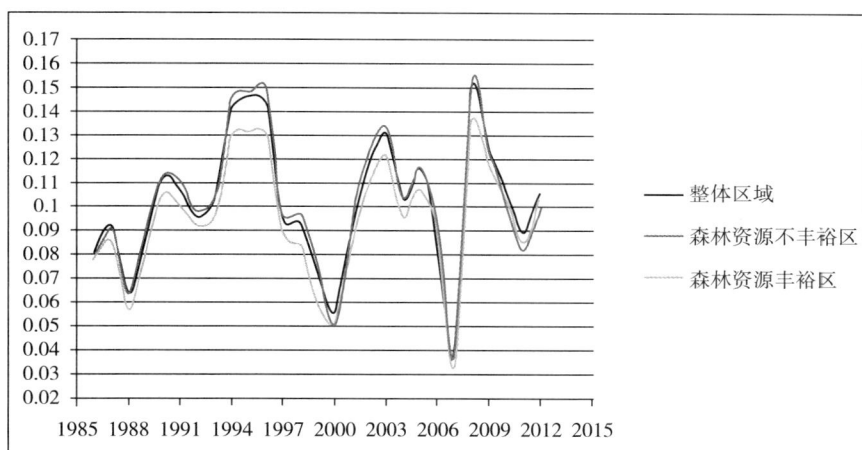

图 5-5　各区域 1986—2012 年储蓄率变化趋势

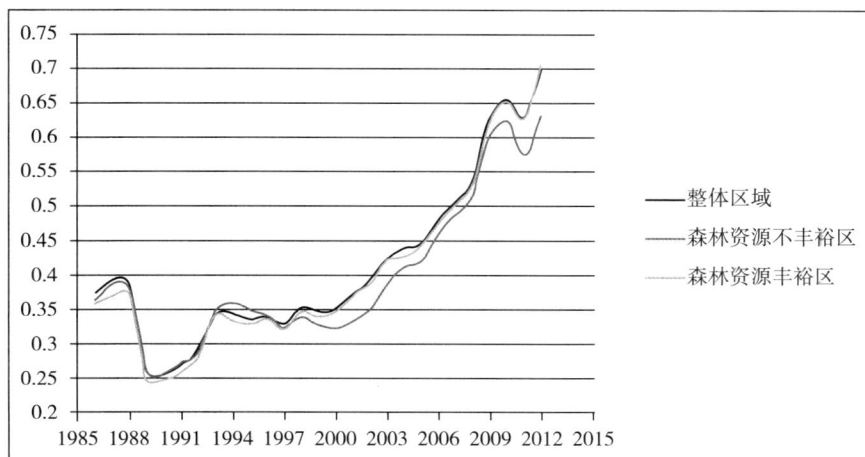

图 5-6　各区域 1986—2012 年物质资本投入变化趋势

在 1986－2012 年间,各区域物质资本的投入变化都随时间的推移而逐年增长,其中在 1986－1998 年之间,各区域物质资本的投入增长较慢,并且森林资源不丰裕区物质资本的投入高于森林资源丰裕区,而在 1998 年之后,各区域物质资本的投入出现了快速增长,但区域间物质资本的投入大小发生了改变,森林资源丰裕区的物质资本投入量明显高于森林资源不丰裕区。说明在区域经济发展的过程中,森林资源不丰裕区实现了物质资本投入的转变,而森林资源丰裕区更强调依赖物质资本投入增加带来的区域经济增长效果。整体来看,森林资源丰裕区物质资本投资的平均值为 0.408,大于森林资源不丰裕区的 0.397。

各区域人力资本存量的变化在 1986－2012 年间呈现相同的"S"形变化趋势,如图 5－7 所示,在 1986－1998 年间,各区域人力资本存量变化缓慢,1998－2008 年间,人力资本存量出现了快速增长,而在 2008 年之后,这一增长逐渐放缓。从区域间人力资本存量的大小来看,森林资源不丰裕区人力资本存量在考察时期内始终高于森林资源丰裕区,说明森林资源丰裕区人力资本的不足可能是形成区域间经济差距的重要因素。

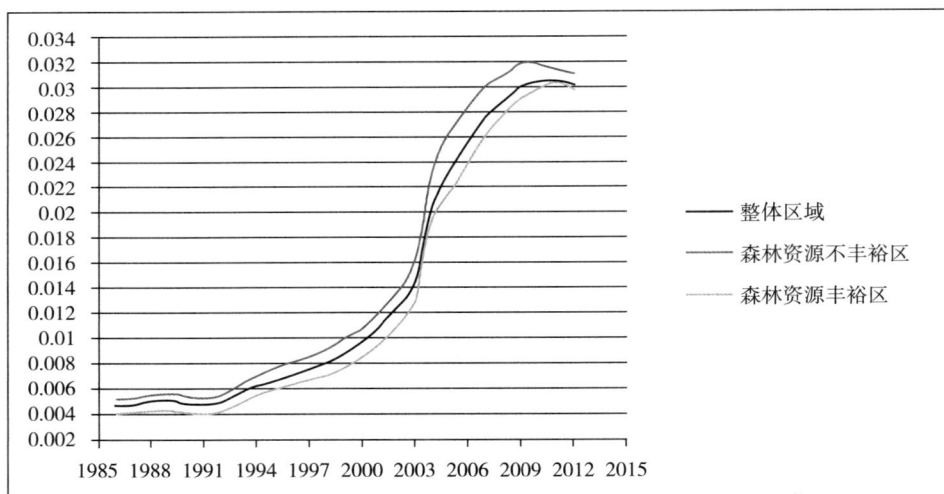

图 5－7 各区域 1986－2012 年人力资本投入变化趋势

在 1986－2012 年间,各区域科技创新的水平也呈现逐年波动上升的趋势,从图 5－8 中可以看出,除个别年份外,森林资源不丰裕区科技创新能力都要强于森林资源丰裕区。政府干预程度在森林资源丰裕区及森林资源不丰裕区间有一定差别,整体来看,森林资源丰裕区政府干预程度指标在 1986－2012 年间均值为 0.751,大于森林资源不丰裕区均值 0.748,从图 5－9 中也可以看出,在整体考察期内森林资源丰裕区的政府干预程度都要大于森林资源不丰裕区,说明政府更多地参与了森林资源丰裕区的发展。

1986－2012 年对外开放程度的变化趋势显示,各区域对外开放程度呈现先增加后降低的趋势,从大小看,森林资源不丰裕区对外开放程度平均值为 0.0356,在考察期内始终高于森林资源丰裕区,如图 5－10 所示,说明森林资源丰裕区利用外资程度要小于森林资源不丰裕区,这也从一定程度上体现了森林资源丰裕区市场化程度桕对不完善的现状。

　　道路密度衡量了区域内道路交通状况,从一定程度上显示了区域公共设施的完善程度。1986－2012 年间,各区域道路密度呈现逐年增加的趋势,说明我国整体及各区域道路交通状况正在逐年改善。从各区域道路密度大小来看,森林资源不丰裕区道路密度3.936,而森林资源丰裕区道路密度为 3.448,说明每平方公里范围内森林资源不丰裕区的公路里程比森林资源丰裕区要多 0.488 公里,森林资源丰裕区内的交通状况与森林资源不丰裕区差距明显。

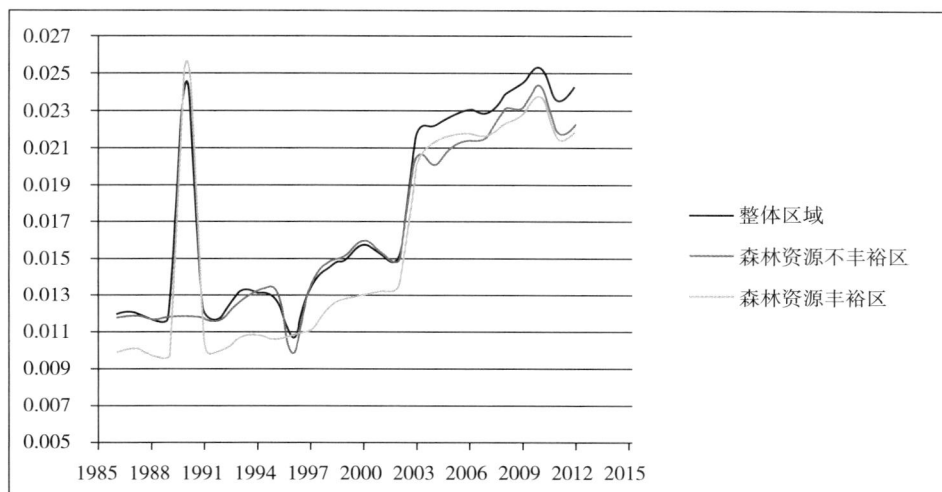

图 5-8　各区域 1986－2012 年科技创新变化趋势

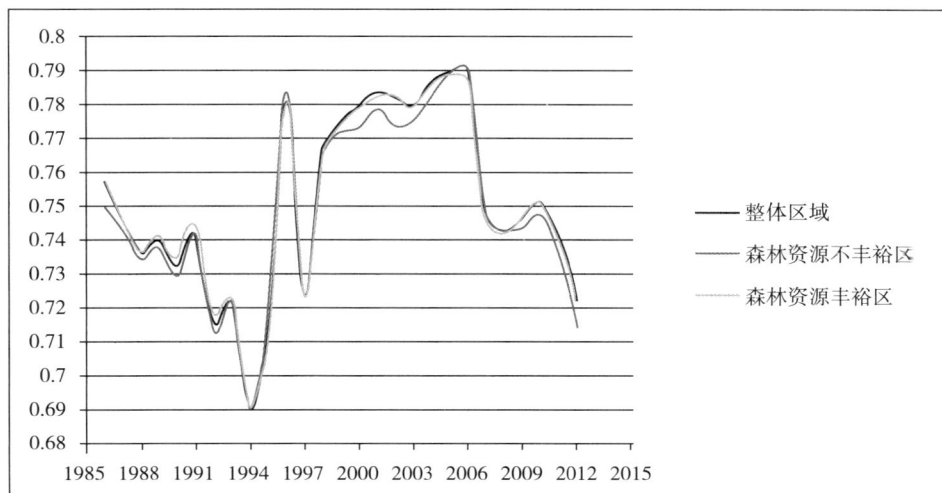

图 5-9　各区域 1986－2012 年政府干预变化趋势

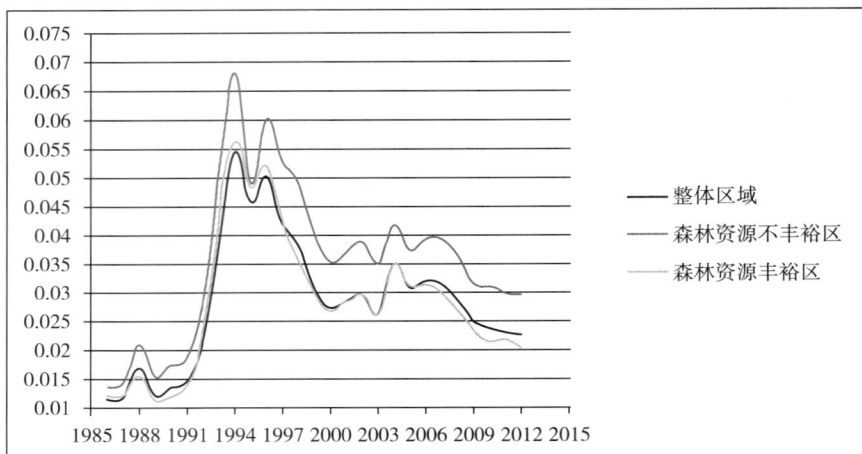

图 5-10　各区域 1986—2012 年对外开放程度变化趋势

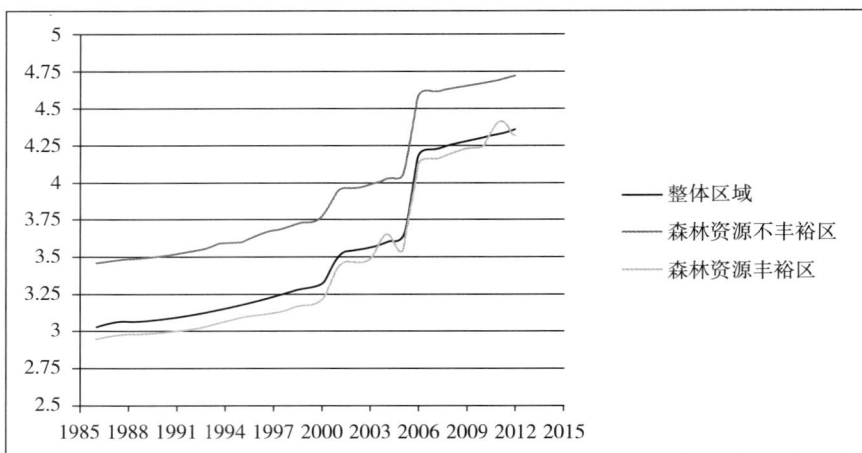

图 5-11　各区域 1986—2012 年对道路密度变化趋势

5.4　不同森林资源丰裕区相对贫困的经济增长因素检验

5.4.1　模型构建及数据来源

在区域经济增长理论的实证检验中,普通面板模型是常用的实证模型(Sachs,Warner,1995;Papyrakis,Gerlagh,2004;孙永平,叶初升,2011,邵帅,2012),然而区域经济的发展不仅与自身经济要素特征有关,还与周边经济体的相互作用紧密相连,区域经济发展理论中不平衡发展理论以及新经济地理学中都对区域间的依赖性有了理论上的阐述,随着对区域空间影响的重视,空间面板模型越来越引起人们的重视,空间面板模型通过将反映空间相互影响效应的因子加入普通面板模型而得到,是计量经济学的最新研究领域。通过简要介绍普通面板模型,并在此基础上按照空间计量的方法,将空间影响因子分别引入被解释变量及误差项,形成空间计量中两种常用的模型即空间滞后模型以及空间误差模型。

（1）普通面板模型

普通面板模型的一般形式为:

$$Y_t^i = \alpha_0 + \alpha_k X_t^i + \mu_t^i \tag{1}$$

其中 Y 为 it 行 1 列的被解释变量矩阵,i 为区域数量($i=1,2,\cdots,n$),n 为区域总数量;t 为时间长度,α_0 为常数项向量,X 为 it 行 k 列的解释变量矩阵,α_k 为 k 行 1 列的解释变量系数,k 为解释变量个数,μ 为 it 行 1 列的随机误差矩阵。

（2）空间滞后模型（SLM）

通过在普通面板数据模型（1）中加入被解释变量的空间交互影响效应,又称为内生交互因子 wY,所形成的空间计量模型称为空间滞后模型（SLM）。模型设定如下:

$$Y_t^i = \alpha_0 + \rho w_{ij} Y_t^i + \alpha_k X_t^i + \mu_t^i \tag{2}$$

其中 ρ 为空间自回归系数;w_{ij} 为 $n \times n$ 维主对角线上元素为 0 的非负空间加权矩阵中经济体 i 与经济体 j 之间的空间权重;其他变量与普通面板模型介绍相同。根据本节的研究目的,Y 为区域经济增长率矩阵,X 所包含的解释变量为前文介绍的经济增长的影响变量 log(GP1)、CX、WZ、RL、KJ、ZF、KF、DL 以及 RE;各变量的含义及公式在前文已介绍,此处不再赘述。

（3）空间误差模型（SEM）

若在普通面板模型中加入随机误差项的空间交互影响效应也即关联效应,则空间个体的相互影响将通过随机扰动项反映,这种模型被称为空间误差模型（SEM）。SEM 模型可设定如下:

$$Y_t^i = \alpha_0 + \alpha_k X_t^i + \rho w_{ij} \mu_t^i + \varepsilon_{ij} \tag{3}$$

公式（3）中各变量含义与模型（2）中相同,其中 ε 为残差项。

模型中所涉及数据为我国 20 各省区（与前文分析范围相同）1986—2012 年面板数据,被解释变量及解释变量等指标均来自《中国统计年鉴》《中国农村统计年鉴》以及各省市 1986—2013 年统计年鉴,《中国林业统计年鉴》以及第三次到第八次全国森林资源普查资料,所有涉及价格指标均以 1985 年为基期进行折算处理。

5.4.2　变量初步检验

由于区域经济发展过程中各因素之间可能存在相互作用,直接使用原始变量进行分析,可能存在一定的多重共线性,造成模型估计失真。为了避免这种情况,在实际检验之前,我们对各控制变量之间的多重共线性进行了检验。

（1）单位根检验及模型变型

综合利用 LLC 检验、ADF 检验、PP 检验对面板数据各序列进行了单位根检验,结果显示各变量属于非同阶单整,其中被解释变量人均 GDP 经济增长率、居民储蓄能力 CX、政府干预指标 ZF 以及对外开放程度 KF 属于平稳序列,而其他变量均为一阶单整。针对这种情况,我们对原始模型(2)、(3)中非平稳序列指标进行了一阶差分处理,变型后模型如(4)、(5)所示

$$空间滞后模型(SLM) Y_t^i = \alpha_0 + \rho w_{ij} Y_t^i + \alpha_k X(1)_t^i + \mu_t^i \qquad (4)$$

$$空间误差模型(SEM) Y_t^i = \alpha_0 + \alpha_k X(1)_t^i + \rho w_{ij} \mu_t^i + \varepsilon_{ij} \qquad (5)$$

模型(4)和(5)中 $X(1)$ 为解释变量集合,包括正常平稳序列变量及一阶单整变量的一阶差分变量,差分变量含义为相应指标的变化量。

（2）空间相关性检验与模型选择

空间相关性检验是空间计量经济分析的重要内容。面板数据的 Moran's I 指数(何江,2006),LMERR 和 LMLAG 及其稳健形式的空间相关性检验,不仅可以用来检验空间相关性,还可以为模型的设定提供线索。按照空间计量经济学的一般分析思路,本文在不考虑空间相关性的基础上,结合研究目的,用广义最小二乘法对区域经济发展的影响因素进行了面板数据模型估计,Husman 检验结果为 22.03,在 1% 水平上拒绝了随机效应模型的假设,故文章建立了地区固定效应模型,估计结果见表 5-10。

表 5-10　空间相关性检验结果

模型分类	整体模型		森林资源不丰裕区模型		森林资源丰裕区模型	
解释变量	系数估计值	显著性水平	系数估计值	显著性水平	系数估计值	显著性水平
CX	-0.070*	0.056	-0.119***	0.007	0.097*	0.078
ZF	-0.085*	0.036	-0.162***	0.003	-0.036	0.473
KF	0.162***	0.000	0.134**	0.011	0.380***	0.000
GP1	0.408***	0.000	0.418***	0.000	0.293***	0.000
WZ1	0.066**	0.047	0.080*	0.066	0.025	0.489
RL1	5.203***	0.000	4.570***	0.003	4.310***	0.002
KJ1	0.165	0.248	-0.062	0.837	-0.479***	0.002
DL1	0.014	0.442	-0.045*	0.096	0.010	0.501
RE1	0.028***		0.143***		0.037***	
$R-squared$	0.344		0.416		0.480	
$Rbar-squared$	0.334		0.399		0.460	
$Durbin-Watson$	1.896		1.889		1.28	
$Moran's\ I$	0.058**	0.036	-0.053	0.197	0.411***	0.000

（续表）

模型分类	整体模型		森林资源不丰裕区模型		森林资源丰裕区模型	
解释变量	系数估计值	显著性水平	系数估计值	显著性水平	系数估计值	显著性水平
LMERR	1.398	0.237	1.570	0.210	55.771***	0.000
Robust LMERR	1.718	0.19	8.289***	0.004	53.559***	0.000
LMLAG	2.912*	0.088	0.449	0.503	2.288	0.130
Robust LMLAG	3.232*	0.072	7.169***	0.007	0.076	0.783

注：*,** 与 *** 分别表示在 1%,5% 以及 10% 水平上通过了显著性检验，以下各表均相同

表 5-10 对我国整体、森林资源不丰裕区以及森林资源丰裕区分别进行了空间相关性检验。整体模型的检验结果显示 Moran's I 为 0.058，并在 5% 的水平上通过了显著性检验，说明我国整体上各区域经济增长之间存在显著的正向相关关系。模型 LMERR 检验值为 1.398，并未通过显著性检验，而 LMLAG 检验值为 2.912，并在 10% 的水平下通过了显著性检验，从二者的稳健性上也可以看出，Robust LMLAG 也明显优于 Robust LMERR，根据空间模型的判定标准可知，在整体模型的选择中，空间滞后模型（SLM）要优于空间误差模型（SEM）。尽管在森林资源不丰裕区的样本中，Moran's I 没有通过显著性检验，但从整体及前人的研究中，我们认为区域空间相关性不可忽视（何江，2006）；利用同样的判定标准，我们在对森林资源不丰裕区及森林资源丰裕区的分类样本检验中均选取了相对更优的空间滞后模型（SLM）。

5.4.3　模型实证检验结果分析

5.4.3.1　各区域 1986—2012 年检验结果
（1）模型整体及空间性分析

各个模型的 R^2，Sigma^2 以及 LogL 值均显示模型的整体拟合状况较好。整体模型空间交互因子的系数 ρ 为正，达到 0.115，并在 10% 的水平上显著，说明在 1986—2012 年间，我国整体各区域发展之间存在正的空间相关性影响，地区经济增长率的变动可以通过商品和要素跨区流动、知识溢出、政策措施引导等形成空间传递效应，带动相邻地区经济增长率的变动。尽管整体上看区域经济之间呈现正的相关性，但是森林资源丰裕区与森林资源不丰裕区的检验结果显示，空间影响作用在不同区域是有差异的，在森林资源不丰裕区，区域经济发展之间呈现一种负的相关关系，但并未通过显著性检验，而在森林资源丰裕区内部，各区域之间的正向空间相关性十分明显，空间交互因子系数达到 0.523，并在 1% 的显著性水平下显著；这一结果说明不同区域间经济发展相互影响作用是不同的，森林资源丰裕区内部经济发展之间因森林资源的同质特征，会显现出更多的相互依赖及正向促进作用，而森林资源不丰裕区内部各区域之间的经济发展之间可能会出现更多的极化现象，区域之间相互影响作用并不显著。

表 5 - 11　模型实证结果(1986－2012)

模型分类	整体模型		森林资源不丰裕区模型		森林资源丰裕区模型	
解释变量	系数估计值	显著性水平	系数估计值	显著性水平	系数估计值	显著性水平
CX	-0.063^*	0.079	-0.125^{***}	0.004	0.149^{***}	0.006
ZF	-0.082^{**}	0.038	-0.160^{***}	0.003	-0.001	0.986
KF	0.153^{***}	0.000	0.138^{***}	0.008	0.350^{***}	0.000
$GP1$	0.402^{***}	0.000	0.417^{***}	0.000	0.290^{***}	0.000
$WZ1$	0.064^{**}	0.049	0.080^*	0.061	0.016	0.666
$RL1$	5.100^{***}	0.000	4.579^{***}	0.002	2.861^{**}	0.032
$KJ1$	0.151	0.283	-0.061	0.839	-0.303	0.142
$DL1$	0.013	0.472	-0.045^*	0.088	0.023	0.166
$RE1$	0.028^{***}	0.000	0.141^{***}	0.000	0.027^{***}	0.000
ρ	0.115^*	0.057	-0.062	0.406	0.523^{***}	0.000
$R-\text{squared}$	0.609		0.685		0.458	
sigma^2	0.0007		0.0006		0.0005	
$\text{Log}L$	1155.97		644.88		544.67	

(2)各区域经济发展影响因素分析

从区域经济影响因素的检验结果来看,对区域经济影响效果最大的变量为人力资本变量RL1。从整体模型来看,RL1的系数值为5.1,并通过了1%的显著性水平检验,说明我国1986－2012年间,人力资本存量每增加1%,区域经济增长将提升5.1个百分点。这种影响效果在森林资源不丰裕区以及森林资源丰裕区内部依然显著,但是从分区域的检验结果看,森林资源丰裕区人力资本对经济发展的影响作用最弱。RL1的系数为2.861,小于森林资源不丰裕区,说明人力资本在森林资源丰裕区的区域经济发展中并未充分发挥自身的作用,结合森林资源丰裕区人力资本的现状可知,人力资本不足以及区域人力资源的作用不充分是森林资源丰裕区经济发展落后的重要原因。

因为模型中GP1是各区域初始经济存量的差分量,该指标并不能说明经济的敛散性。但从各模型中GP1的检验结果可以看出,初始经济存量的增加量对经济发展具有正向促进作用,这种作用说明经济发展之间存在一定的惯性,从各区域检验结果看,森林资源不丰裕区内初始经济存量对经济的影响作用更大,而森林资源不丰裕区受到的影响相对较小。

在1986－2012年间,对外开放程度一直是区域经济发展的重要影响变量,从检验结果中可以看出,我国整体上对外开放程度提升1%,经济增长将提升约0.15个百分点。这种促进作用在森林资源丰裕区体现得更为明显,约为0.35个百分点,这一结果与我国近几十年的整体经济发展历程相吻合,自改革开放实施以来,对外开放始终是我国经济发展的重要引擎,结合各区域对外开放程度现状可知,森林资源丰裕区对外开放程度较低,提升森林资源丰裕区对外开放程度,加速区域市场化进程对森林资源丰裕区经济发展具有重要促进作用。

在经济发展的过程中,物质资本的促进作用并不如人力资本以及对外开放。统计结果显示,虽然在我国整体范围以及森林资源不丰裕区内物质资本具有明显的正向促进作用,但对经济影响系数较小,分别为 0.064 和 0.080,说明这种促进作用并不能在大程度上影响经济发展。森林资源丰裕区物质资本的正向促进作用并不显著,而通过了解森林资源丰裕区物质资本的投入可知,森林资源丰裕区的经济发展过程中投入了大量的物质资本,这种发展路径降低了森林资源丰裕区的经济发展效率。因此,转变区域经济发展模式,走可持续发展道路是森林资源丰裕区亟须的经济变革。

整体上来看,科技创新与区域经济发展呈现正向关系,但并未通过显著性检验,这一结果与邵帅(2008)研究相似,造成这一结果的原因是我国科技创新投入效率低下且存在人力财力浪费现象,同时也说明了科技创新与实际生产力结合不足,难以促进区域经济发展。分区域的检验结果显示科技创新与经济发展呈负向关系,尽管并不显著,依然说明了科技创新在各区域经济发展的过程中均未发挥自身的作用,科技投入并未转化为区域经济增长动力。

政府干预能力与区域经济发展负相关,在整体样本及森林资源不丰裕区的检验中均通过了显著性检验,尽管森林资源丰裕区这一作用并不显著,但依然呈现负向关系,说明政府干预并不能促进经济发展,深化市场改革,依托市场经济才能有效实现经济增长。

储蓄率在我国整体经济发展中呈负向作用,并通过了 10% 的显著性水平检验,这一结果与预期不符。原因可能是,尽管居民储蓄能力强的地区可以促进物质资本的快速积累,增加信贷资金总量,但由于金融资产可以便利地在不同区域间进行转移,区域居民储蓄能力并不能反映区域物质资本积累率;相反,区域居民储蓄能力越强,整体消费需求越低,从而导致区域经济发展下降,这种作用在森林资源不丰裕区体现得尤为明显。然而在森林资源丰裕区储蓄率与经济发展正向相关,这一结果说明了由于森林资源丰裕区经济总量较低,居民储蓄倾向较高;储蓄增加了区域物质资本的积累,促进了区域经济发展。通过森林资源不丰裕区与森林资源丰裕区的对比,也可以从侧面反映需求因素并未成为拉动森林资源丰裕区经济增长的动力。

道路密度对区域经济发展的作用并不明显,无论是我国整体还是各森林资源丰裕区都体现了这一点,这表明我国交通的便利并为转化为经济增长的优势,造成这种局面的主要原因是我国高额交通成本的存在,使得交通的优势并未转化为经济优势。

(3)森林资源丰裕度对经济增长影响

从检验结果来看,无论是在整体区域还是在不同森林资源丰裕区,森林资源丰裕度并不存在资源诅咒现象。即便在控制了人力资本、物质资本、对外开放等因素后,森林资源丰裕度与区域经济发展之间仍呈现正向相关关系,并在 1% 水平上通过了显著性检验。说明丰裕的森林资源可以促进区域经济的发展,这种促进作用主要体现在以下几个方面:其一,丰裕的森林资源可以改善地貌并通过减少灾害的发生来提升区域公共设施状况,从而吸引物质资本投资和具有企业家创新才能的人才进入;其二,丰裕的森林资源可以提供就业机会(Linda Roengren 2012),通过增加林农整体劳动时间来提升总收入,进而改善林区农村居民的经济状况,增加区域内消费需求,带动区域经济的整体发展;其三,森林资源中非木质林产品以及林木产品可为林农提供持续的收入来源,是应对风险的天然保险(McSweeney,2005),可作为林农的一种自然储蓄;其四,丰裕的森林资源可以吸引更多国家财政补贴和林业基础设施建设投资(张晓静,2009),尤其是1998年之后,这种林业补贴和投资可以间接促进区域经济的增长。

5.4.3.2 各区域分段检验结果

自1998年起,我国陆续实施六大林业重点工程,对森林资源的利用也由商业开采转为保护利用,由于分析年限是从1986年到2012年,包括了森林资源利用政策发生转变的两个时期,这种检验可能掩盖了森林资源在不同时期的作用。为了进一步探究森林资源丰裕度与经济发展关系是否受到了林业政策转变的影响,本书分1986—1998年及1999—2012年两个时间段对区域经济增长进行了考察,以观测森林资源对经济增长作用的稳定性,检验结果见表5-12以及5-13所列。

表5-12　各区域分段检验结果(1986—1998)

模型分类	整体模型		森林资源不丰裕区		森林资源丰裕区	
解释变量	系数估计值	显著性水平	系数估计值	显著性水平	系数估计值	显著性水平
CX	−0.142*	0.089	−0.243***	0.002	0.016	0.849
ZF	−0.178*	0.082	−0.312***	0.001	−0.198***	0.009
KF	0.196*	0.070	0.283***	0.000	0.521***	0.000
$GP1$	0.277***	0.000	0.418***	0.000	0.289***	0.003
$WZ1$	0.008	0.871	0.063	0.352	−0.091	0.194
$RL1$	11.532**	0.030	7.283	0.214	11.249	0.503
$KJ1$	0.127	0.387	−0.131	0.739	0.088	0.545
$DL1$	−0.153**	0.016	−0.205***	0.009	−0.065	0.464
$RE1$	−0.016	0.236	0.103	0.103	−0.020*	0.063
ρ	0.113	0.229	−0.134	0.220	−0.140	0.226
$R-$squared	0.733		0.738		0.733	
sigma^2	0.0007		0.0008		0.0004	
Log$L$	535.69		283.02		263.50	

表5-13　各区域分段检验结果(1999—2012)

模型分类	整体模型		森林资源不丰裕区		森林资源丰裕区	
解释变量	系数估计值	显著性水平	系数估计值	显著性水平	系数估计值	显著性水平
CX	0.068*	0.087	−0.017	0.721	0.209***	0.006
ZF	−0.003	0.963	0.210***	0.008	0.038	0.521

（续表）

模型分类	整体模型		森林资源不丰裕区		森林资源丰裕区	
解释变量	系数估计值	显著性水平	系数估计值	显著性水平	系数估计值	显著性水平
KF	0.014	0.892	−0.195	0.107	0.111	0.273
$GP1$	0.110**	0.028	0.147**	0.017	0.081	0.318
$WZ1$	0.011	0.706	0.005	0.895	0.009	0.851
$RL1$	2.647***	0.000	2.952***	0.000	2.764**	0.023
$KJ1$	−0.314	0.370	−0.230	0.568	0.873	0.249
$DL1$	0.006	0.474	0.005	0.663	0.024	0.205
$RE1$	0.047***	0.000	0.241***	0.000	0.034***	0.000
ρ	0.492***	0.000	0.312***	0.000	0.319***	0.000
$R-$squared	0.600		0.676		0.675	
sigma^2	0.0004		0.0004		0.0003	
Log$L$	684.23		386.32		334.40	

从表 5-12 及表 5-13 对各区域分段检验结果中,可以看出,我国整体及各森林资源丰裕区经济增长的主要动力在前后两个时间段没有发生大的变化,人力资本存量的变化依然是经济增长的主要源泉,经济体初始经济存量的变化也是促进经济发展的重要因素,物质资本及科技创新的作用在分段考察期间作用并不明显。尽管如此,各区域经济增长在前后两个时间段还是有所差别。从整体模型可以看出,在 1986—1998 年期间,对外开放显著促进了区域经济增长,然而随着市场化的深入,在 1999—2012 年间这种正向作用已不在显著;政府干预在 1986—1998 年间呈现负向影响,并在各个区域内都通过了显著性检验,然而在 1999 年之后,政府干预作用的作用反而呈现正向作用,尽管并不显著,但也说明政府干预作用对经济的负向影响正在日趋减少,政府行为是有效的经济行为,并且这种作用在森林资源不丰裕区体现得更为明显。

空间交互因子结果显示,在前后两个时间段,各区域之间的空间相互作用是有差异的。在 1986—1998 年间,各区域之间的空间相互作用并不明显,并且在森林资源丰裕区及不丰裕区内部,该指数呈现负的相互作用,说明在 1998 年之前,区域经济发展之间的联系并不紧密,各区域之间发展并不均衡,并存在一定的极化效应。而在 1999 年之后,各区域之间的空间相互依赖更为紧密,各区域的空间交互因子均通过了显著性检验,说明区域之间的发展存在正向促进作用,增长极的扩散效应逐渐显现。

森林资源丰裕度在区域经济增长中扮演的角色是我们关注的重点。分段检验结果显示,除森林资源不丰裕区外,在我国整体及森林资源丰裕区内,森林资源对经济增长的作用发生了巨大的变化。在 1986—1998 年间,森林资源与区域经济增长呈负向相关,这种负向作用在森林资源丰裕区体现得更为明显;而在 1999—2012 年间,森林资源对区域经济增长的作用为正,并均通过了 1% 的显著性检验。这一结果证明森林资源丰裕度对经济增长的影响并不稳定。在不同时期,不同时间段内,森林资源对经济增长的影响作用并不相同。

在1998年之前,森林资源丰裕区的发展很大程度上对森林资源有所依赖,然而森林资源产业并不具备区域经济发展的竞争优势。这种状况主要是由以下几个方面原因造成的:首先,相比较其他产业,林业产业生产效率相对低下,田杰等(2013)指出目前我国林业生产的规模报酬呈现递减状态,林业资金的投入产出效率较低,林业从业人员的投入产出弹性为负,这主要来自两个方面的影响,一是我国林业产业主要以小农生产为主,林业生产存在大量资源浪费,形不成规模优势,二是林业产业的生产效率受制于光、热、水、土壤等自然因素,提升林业产业生产效率的可控性不强(Hausenbuiller,1985)。其次,在林业改革全面开展的过程中,对森林资源的依赖会因高额林业税费及木材价格剪刀差等垄断收益的存在而产生巨大的"转轨成本",从而抑制林业改革,延缓林业发展(谢晨,2007)。再次,森林资源并非区域经济发展的充分条件,从波特竞争优势理论中可以看出,区域经济发展是区域生产要素、需求因素、支持性产业和相关产业、企业战略、结构和竞争、机遇和政府等因素组成的价值系统协同作用的结果(舒胜兰,2008),而林业产业受限于自然条件及生产率等因素,并不具备产业竞争优势,对森林资源的依赖会限制区域经济的发展。这也是1998年以前森林资源丰裕度对经济发展负向影响的主要原因。而在1999年之后,林业产业保护政策的实施,使得森林资源丰裕区对林业产业依赖下降,森林资源因其能改善公共设施,提供就业岗位,吸引补贴等促进了区域经济增长。

5.5　本章小结

通过对不同森林资源丰裕区相对贫困的经济增长因素考察可以得出以下结论:

(1)森林资源丰裕区经济存量显著低于森林资源不丰裕区,且森林资源丰裕区的经济增长率也略小于森林资源不丰裕区,通过对比各区域经济增长影响变量发现,森林资源丰裕区人力资本存量、物质资本、科技创新、政府干预以及对外开放程度等方面都与森林资源不丰裕区有着很大的差别。

(2)在考虑区域空间相关性的条件下,通过实证检验发现,区域间经济增长的主要动力源泉为人力资本变化量、区域初始经济存量以及对外开放。在1986—2012年间,不同森林资源丰裕区经济增长的动力源泉相似,但各因素的作用大小并不一致;具体来看,森林资源丰裕度以及储蓄率对森林资源丰裕区的经济增长产生了更大的作用,而人力资本的作用则相对不足;从1986—1998年以及1999—2012年分段检验来看,各时期内,区域经济增长的最主要动力都是依赖人力资本的增长。

(3)森林资源丰裕度对经济增长的影响并不稳定,在不同时期,不同区域内森林资源所发挥作用并不相同。整体来看,森林资源因其能改善公共设施,提供就业岗位,吸引补贴等可以促进区域经济增长,森林资源并不存在"资源诅咒"现象;但这种促进作用并不稳定,通过分段检验发现,在森林资源丰裕区1986—1998年间森林资源对经济有阻碍作用,产生了一定程度的资源诅咒,而1999年之后森林资源与经济增长之间呈正向相关关系。

第六章 不同森林资源丰裕区
相对贫困的收入分配因素分析

相对贫困理论分析显示,收入分配是影响区域相对贫困的另一个重要影响因素,是相对贫困的重要传导途径之一。现实中,尽管森林资源丰裕区内相对贫困状况更为严重,然而是否其区域收入分配不平等状况也更为严重? 不同区域间收入分配状况是否存在差异? 森林资源是否在区域收入分配中发挥了作用? 本章将在实证分析中对以上问题作出解答。除此之外,本章的目的还在于探索区域收入分配的主要影响因素,为区域相对贫困传导路径做基础性分析。

6.1 区域收入分配现状

在考虑区域收入分配现状的过程中,我们将各省区作为独立的个体,利用 1986—2012 年间收入分组数据,对各区域历年的基尼系数进行了测算,为了清楚的识别不同森林资源丰裕区收入分配状况,我们对各省区历年基尼系数进行了简单平均,分别从时间及空间两个维度对不同区域的收入分配差异进行了比较分析。

6.1.1 时间维度分析

表 6-1 利用各省区基尼系数的算术平均值对我国整体及不同森林资源丰裕区 1986—2012 年间收入分配差异状况进行了描述,图 6-1 则展示了随着时间推移各区域收入分配的变化趋势。

表 6-1 各区域收入分配差异

年份	1986 年	1987 年	1988 年	1989 年	1990 年	1991 年	1992 年	1993 年	1994 年
整体平均值	0.2929	0.2919	0.2908	0.2924	0.2940	0.3071	0.3201	0.3344	0.3486
不丰裕区均值	0.2770	0.2711	0.2652	0.2687	0.2722	0.2853	0.2984	0.3102	0.3220
丰裕区均值	0.3007	0.3015	0.3022	0.3018	0.3014	0.3142	0.3271	0.3394	0.3518

（续表）

年份	1995 年	1996 年	1997 年	1998 年	1999 年	2000 年	2001 年	2002 年	2003 年
整体平均值	0.3400	0.3313	0.3370	0.3426	0.3575	0.3723	0.3842	0.3961	0.3988
不丰裕区均值	0.3101	0.2983	0.3070	0.3157	0.3306	0.3455	0.3568	0.3682	0.3746
丰裕区均值	0.3461	0.3404	0.3448	0.3492	0.3635	0.3779	0.3925	0.4071	0.4078
年份	2004 年	2005 年	2006 年	2007 年	2008 年	2009 年	2010 年	2011 年	2012 年
整体平均值	0.4015	0.4040	0.4065	0.4110	0.4155	0.4128	0.4101	0.4106	0.4110
不丰裕区均值	0.3810	0.3821	0.3833	0.3887	0.3941	0.3929	0.3917	0.3945	0.3972
丰裕区均值	0.4086	0.4125	0.4165	0.4185	0.4205	0.4156	0.4108	0.4066	0.4025

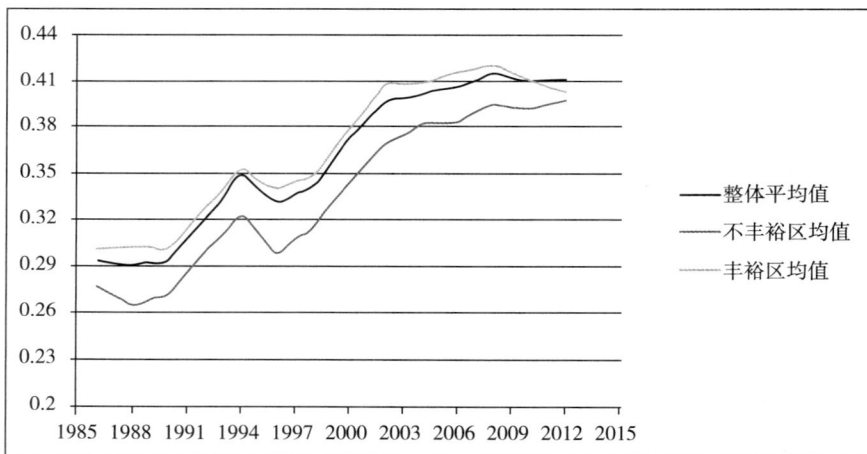

图 6-1　各区域收入分配变化时间趋势

从表 6-1 中可以看出，各区域基尼系数算术平均值呈现逐年波动上升的趋势，图 6-1 对这一趋势进行了描述。从样本整体来看，我国收入分配在 1990 年以前相对平稳，基尼系数的平均值均小于 0.3，说明样本区域内收入分配处于比较平均的水平。在 1991—2004 年间，整体区域基尼系数均值在 0.3～0.4 之间，说整体收入分配处于相对合理的水平，随着时间的延伸，收入分配呈现波动上升的趋势。在 1991—1994 年间基尼系数均值呈现快速上升的趋势，在 1994—1998 年间，基尼系数则出现了一定程度的下降，而后又呈现快速上升的趋势；在 2004—2012 年间样本整体基尼系数的均值处于 0.4 以上。从基尼系数的判定标准上可以看出，我国在 2004 年之后收入分配差距处于较大水平，具体来看,2004－2008年间样本整体收入分配状况逐年恶化,在2008年整体基尼系数均值达到0.4115,2008年以后这一指数出现了一定程度的下降,但仍处于收入差距较大的范围。

不同森林资源丰裕区的基尼系数均值的变化趋势与整体样本该均值变化趋势相似,除个别年份外,也都呈现逐年波动上升的趋势。具体来看,森林资源不丰裕区的基尼系数均值在1986－2012年间均处于0.4以下,说明森林资源不丰裕区整体上收入分配并未出现差距过大的局面;而森林资源丰裕区在2002年以后基尼系数均值都高于0.4,收入分配差距明显拉大。从均值大小来看,不同森林资源丰裕区的基尼系数均值存在明显的差异。从图6－1中可以看出,在整个研究时间段内,森林资源丰裕区基尼系数均值都要大于森林资源不丰裕区,说明森林资源禀赋的差异可能在一定程度上影响了区域内的收入分配。

6.1.2 空间维度分析

除了考察我国各区域收入分配差异的时间趋势特征之外,我们还以1986－2012年各区域基尼系数均值为指标考察了区域样本的空间特征。表6－2及图6－2描述了各地区基尼系数的大小,图6－2中各地区从左至右的排列顺序是按照区域森林资源丰裕度大小进行的,其中左边11省份上海、江苏、北京、河北、河南、安徽、山西、浙江、广东、湖北、辽宁为森林资源不丰裕区,其他省份为森林资源丰裕区。从整体来看,森林资源不丰裕区基尼系数约为0.3397,而森林资源丰裕区基尼系数约为0.3844,为前者的1.13倍。不仅如此,处于森林资源不丰裕区的各地区基尼系数基本上小于森林资源丰裕区这一数值。具体来看,在调查样本范围内,实际基尼系数最低的三个省份分别为上海、北京及江西,除江西外均处于森林资源不丰裕区,其中上海基尼系数最低,为0.2760;而基尼系数较高的三个省份如新疆、甘肃和贵州均处于森林资源丰裕区,其中新疆基尼系数最高,约为0.4302,约为上海市的1.56倍。

表6－2 区域收入分配空间维度分析

森林资源不丰裕区	基尼系数	森林资源丰裕区	基尼系数
上　海	0.2760	贵　州	0.4121
江　苏	0.3308	青　海	0.4113
北　京	0.2910	广　西	0.4065
河　北	0.3567	江　西	0.3131
河　南	0.3562	甘　肃	0.4212
安　徽	0.3545	陕　西	0.4056
山　西	0.3624	福　建	0.3286
浙　江	0.3366	新　疆	0.4302
广　东	0.3777	黑龙江	0.3313

（续表）

森林资源不丰裕区	基尼系数	森林资源丰裕区	基尼系数
湖　北	0.3641	均值	0.3844
辽　宁	0.3304		
均值	0.3397		

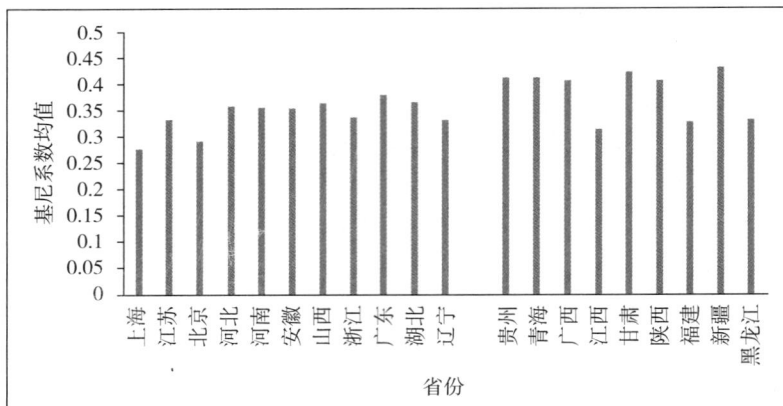

图 6-2　区域收入分配空间维度分析

从以上各地区收入分配状况在时间及空间的考察分析来看，森林资源丰裕区的收入分配差距要显著大于森林资源不丰裕区，无论从时间维度分析还是从空间层面测量，这一结果都显著存在。但这种表象的分析并不客观，因为影响区域收入分配的因素很多，贸易开放程度、财政再分配作用，产业结构等都会在一定程度上影响区域的收入分配状况。为了进一步验证森林资源是否影响了区域的收入分配状况，同时为了探索区域收入分配的影响因素，为分析不同森林资源丰裕区相对贫困的传导路径打下基础，我们对区域收入分配进行了因素分析。

6.2　区域收入分配影响变量的选择及研究假设

6.2.1　变量选择

参考已有研究文献，并考虑到数据的可得性，文章界定区域收入分配的影响因素主要有以下几类：

（1）区域经济变量（地区经济存量 GP 及地区经济发展率 G）

区域经济增长理论显示，区域经济发展对区域收入分配存在两个方向的影响，一是循环累积因果理论中的"涓滴效应"，在不存在生产要素流动的情况下，经济存量高、发展速度快的区域可以为区域内居民提供更多的就业机会,从而改善低收入者收入水平,同时,丰富的地区财政收入可以使政府采取更有效的财富再分配政策,从而缩小区域内收入分配差距。二是经济发展也可能带来区域收入差距不断拉大的"马太效应",原因是快速的经济发展对区域劳动力技能有所选择,在一定程度上增加了技术性劳动力的劳动收入,而降低了非技术性劳动力的收入,从而加大了收入差距。针对区域经济增长对区域收入分配的影响研究,多数学者将区域经济存量与区域经济发展率同时引入了模型(段龙龙,2013;王少瑾,2010),在经济收敛外生影响下,即控制区域经济存量和发展率指标对区域收入分配的影响下考察区域收入分配的变化。本书在参考了前人研究的基础上,引入经济总量变量 GP 及区域经济增长率变量 G,分别用地区实际人均 GDP 及地区实际人均 GDP 增长率表示。从区域经济增长理论分析,区域经济变量对区域收入分配的影响难以确定。

(2)对外开放程度(KF)

对外开放使得各区域可以充分利用国内国外两个市场、两种资源,促进了产业结构和劳动力的结构调整,提高了经济发展质量。对外开放,尤其是对国外投资的利用会增加区域劳动力收入水平,根据斯托尔珀-萨缪尔森定理可知,对外开放会改变原有区域生产要素的相对价格,从而改善区域收入分配差距;然而基于不同时期不同地点实证检验发现,对外开放也可能在一定程度上拉大区域收入分配,因为对外开放存在劳动力技术选择的问题,会提高有技能劳动力与非技能劳动力之间是收入差距(曹博,2014)。国内外诸多学者在考察对外开放对区域收入分配的影响中也并未得出统一观点,不同时期,不同样本所得结果并不一致(王少瑾,2010;魏尚进,2002;徐水安,2003),本文将各地区实际利用外资数量占地区 GDP 的比例作为地区对外开放程度,难以预期其影响方向。

(3)财政支出结构(社会保障支出比例 SB、教育卫生支出比例 JW)

财富分配上的不均衡和失调造成了一部分社会成员收入相对不足,财富再分配一般是政府纠正市场初始分配,实现某种社会目标的主要途径,政府通过财政支出可以调节社会成员之间的收入差距。在政府的财政支出中,能够缩小区域内居民收入差距的支出包括三个方面:一是社会保障支出,该支出是社会财富转移的直接形式,对低收入群体具有直接的增收效应,可直接缓解群体间的收入差距;二是财政支出中的教育及医疗卫生方面的支出,一般情况下,教育支出尤其是基础教育支出更有利于低收入群体,因为这一支出可以扩大教育范围,增加低收入群体受教育的机会,提升低收入群体改变贫困状况的能力,从而缩小区域收入差距;除此之外,财政支出中的基本医疗服务支出,既可以降低低收入群体的医疗服务消费水平,又可以改进低收入群体的健康水平,进而改进其收入的获取能力。结合以上分析,我们利用两个指标对地区财政支出结构进行测定,分别为社会保障支出比例 SB,用地区社会保障支出占地区财政支出总额比例表示;教育卫生支出比例 JW,用地区教育支出及医疗卫生支出之和占地区财政支出总额比例表示。预期各财政支出结构与区域收入分配差距间呈负相关关系。

(4)产业结构

产业结构是决定就业结构的充分条件,劳动力在产业间分布是影响区域收入分配变化的重要因素。不同产业间劳动力的边际产出及边际收益都有显著差别,以 2008 年为例,该年的农业劳动力平均产出为 11092 元,而非农产出为 56494 元,两者相差约 45000 元(张平,2011),边际产出的显著差别也造成了产业间劳动力收入的差异。本书参照段龙龙(2013)的做法使用产业就业指数(EMI)作为代替产业结构的工具变量,该指数是区域第二、三产业劳动力就业数量之和与第一产业劳动力就业数量的比例,预期该指数与区域收入分配负相关。

(5)森林资源禀赋

从各区域收入分配现状来看,无论是在时间维度中还是在空间范围内,森林资源丰裕区的收入分配差距都显著大于森林资源不丰裕区,似乎预示着森林资源禀赋的差异影响了区域收入分配。从理论上分析,林业产业是相对低效率的产业(田杰,2012),并不具备产业间的竞争优势,相同劳动时间内,林业产出要小于其他产业产出,森林资源丰裕区居民因丰裕的森林资源而被占据了更多的劳动时间,居民劳动时间在林业产业与其他产业间的配置差异也将加大区域收入分配差异。具体来看,由于林业政策实施的转变,在1998 年之前,森林资源以开发利用为主,在森林资源丰裕区内,更多的低收入居民将其劳动时间配置在低效的林业产业中,从而拉大了低收入居民与其他居民之间的收入差异;而在 1998 年之后,林业政策转为资源保护,林业劳动时间在总劳动时间中占据更小的比例,从而可能减弱居民间的收入分配差异。因此可以预期,森林资源丰裕度与区域收入分配之间在不同时期对收入分配影响程度并不相同,在 1998 年之后森林资源丰裕度对收入分配正向关系将比 1998 年以前更小,这种变化会在不同的森林资源丰裕区内有所变化,在森林资源丰裕区内变化更为明显,而在森林资源不丰裕区内部将更弱。

6.2.2 研究假设

基于以上分析,影响区域收入分配差异的变量主要包括区域经济总量(GP)、区域经济发展率(G)、对外开放程度(KF)、社会保障支出比例(SB)、教育卫生支出比例(JW)及产业就业指数(EMI)以及森林资源丰裕度(RE)。表 6-3 对各变量公式及符号进行了表述。

表 6-3 影响因素变量设定及研究假设

变量	公式	符号	影响效应假设
区域经济总量(元)	lnGDP	GP	不确定
区域经济发展率(%)	人均实际 GDP 变化率	G	不确定
对外开放程度(%)	地区实际利用外商直接投资/地区 GDP	KF	不确定
社会保障支出比例(%)	地区社会保障支出/地区财政支出总额	SB	—
教育卫生支出比例(%)	地区教育卫生支出/地区财政支出总额	JW	—
产业就业指数(%)	第二、三产业劳动力就业数量之和/第一产业劳动力就业数量	EMI	—
森林资源丰裕度(立方米/人)	森林资源蓄积量/地区年底总人口	RE	不确定

以上各变量数据均来自于 1986—2012 年的《中国林业统计年鉴》《中国农村统计年

鉴》《中国统计年鉴》及各省区统计年鉴。同时,为了剔除价格因素的影响,所有以货币为单位的数据均以 1985 年为基准的不变价格进行计算处理。

6.3 区域收入分配影响变量的统计性描述

6.3.1 区域收入分配变量区域差异分析

对我国整体及不同森林资源丰裕区收入分配因素变量的统计性描述见表 6-4。

表 6-4 变量统计性描述

区域类别	变量名称	最大值	最小值	平均值	标准差	变异系数
整体	P	0.5472	0.1633	0.3598	0.0680	0.1891
	GP	4.3921	2.5883	3.4007	0.4058	0.1193
	G	0.3239	−0.0677	0.1014	0.0440	0.4338
	KF	0.2221	0.0001	0.0284	0.0318	1.1200
	EMI	28.6226	0.2220	2.1298	3.5024	1.6445
	SB	0.2549	0.0128	0.0710	0.0491	0.6924
	JW	0.3636	0.0425	0.2256	0.0414	0.1836
	RE	45.6811	0.0653	7.0653	9.2481	1.3089
森林资源不丰裕区	P	0.5472	0.1633	0.3397	0.0619	0.1821
	GP	4.3921	2.7201	3.5383	0.4037	0.1141
	G	0.3239	−0.0677	0.1035	0.0479	0.4626
	KF	0.2221	0.0009	0.0362	0.0340	0.9388
	EMI	28.6226	0.3978	3.1480	4.4542	1.4149
	SB	0.2284	0.0128	0.0712	0.0486	0.6829
	JW	0.3636	0.1271	0.2259	0.0430	0.1902
	RE	5.6807	0.0653	1.9881	1.2964	0.6521
森林资源丰裕区	P	0.4946	0.2308	0.3844	0.0673	0.1750
	GP	4.1110	2.5883	3.2325	0.3402	0.1053
	G	0.2385	−0.0027	0.0988	0.0386	0.3909
	KF	0.1904	0.0001	0.0189	0.0260	1.3771
	EMI	3.0000	0.2220	0.8852	0.4758	0.5375
	SB	0.2549	0.0152	0.0707	0.0499	0.7053
	JW	0.3233	0.0425	0.2252	0.0395	0.1756
	RE	45.6811	4.0416	13.2707	10.8689	0.8190

从表 6-4 中各因素变量的统计描述来看,在 1986-2012 年间,我国整体上区域收入分配差距较大,以基尼系数均值衡量的指标为 0.3598,处于较高水平,整体间变异系数为 0.1891,差别不大。从不同森林资源丰裕区的区域收入分配状况来看,森林资源丰裕区的基尼系数均值为 0.3844,大于整体均值,也大于森林资源不丰裕区的 0.3397,比森林资源不丰裕区高出约 5 个百分点;从各自的变异系数大小来看,森林资源丰裕区基尼系数的变异系数为 0.175,小于森林资源不丰裕区的 0.1821,说明森林资源丰裕区的收入分配状况普遍收入差距较大,且彼此之间变动更小。

从区域经济发展的两个变量区域经济存量及区域经济发展率来分析,森林资源丰裕区的经济存量指标 GP 约为 3.2325,小于我国整体样本的均值 3.4007,森林资源不丰裕区这一均值指标最大,约为 3.5383,比森林资源丰裕区这一指标高出了 3% 以上,说明我国人均 GDP 在不同区域并不均衡,森林资源不丰裕区人均 GDP 均高于森林资源丰裕区;从 GP 的变异系数来看,森林资源丰裕区的变异系数最小,约为 0.1053,小于森林资源不丰裕区变异系数 0.1141,我国整体的变异系数最大,这种状况说明了,森林资源丰裕区与森林资源不丰裕区经济存量存在显著差别,且森林资源不丰裕区之间人均 GDP 的变化高于森林资源丰裕区。从区域实际经济增长率来看,在 1986-2012 年间,我国整体上实现了 10.14% 左右的增长速度,森林资源不丰裕区的经济增长速度约为 10.35%,高于森林资源丰裕区 9.88%,说明在研究时期内,森林资源不丰裕区实现了更为快速的经济增长,从变异系数大小来看,森林资源丰裕区的变异系数最小为 0.3909,说明在森林资源丰裕区内经济增长率的变动程度更小。

各区域之间对外开放程度存在较大差别,森林资源丰裕区对外开放指标 KF 均值约为 0.0189,而森林资源不丰裕区这一均值约为 0.0362,约为森林资源丰裕区的 2 倍。从变异系数大小来看,森林资源丰裕区对外开放指标的变异系数约为 1.3771,高于森林资源不丰裕区的 0.9388,说明森林资源丰裕区内对外开放程度存在更大的变动,结合对开放指标的构建可知,在森林资源丰裕区内,外商直接投资具有更大不确定性。

以产业就业指数 EMI 衡量的区域产业结构显示,不同森林资源丰裕区内产业结构存在巨大差异,森林资源丰裕区 EMI 指数为 0.8852,说明森林资源丰裕区内二、三产业劳动力总人数约为第一产业劳动力总人数的 88.5%;而在森林资源不丰裕区,这一指数约为 3.148,说明在森林资源不丰裕区第二、三产业劳动力总数约为第一产业的 3.148 倍,这种差别说明了再森林资源丰裕区内区域产业结构仍以第一产业为主,而在森林资源不丰裕区,二、三产业比重正在增强,并成为区域经济发展的主要动力;从该指数的变异系数可以看出,森林资源丰裕区变异系数为 0.5375,说明在过去的几十年中森林资源丰裕区的产业结构变动较小,而森林资源不丰裕区内该指标的变异系数 1.4149,说明森林资源不丰裕区的产业结构在过去的时间内发生了变革,从具体年份的指标也可以看出,森林资源不丰裕区产业重心逐年向二、三产业变动,出现了良性的产业结构调整。

从各区域财政支出结构指标的统计分析来看,森林资源丰裕区内财政支出中社会保障及教育卫生所占的比例略小于森林资源不丰裕区,其中社会保障支出比例在森林资源丰裕区内约占 7.07%,森林资源不丰裕区内约占 7.12%;教育卫生支出比例在森林资源丰裕区内约为 22.52%,森林资源不丰裕区约为 22.59%,二者差别不大。从变异系数大小来看,森林资源丰裕区社会保障支出比例的变异系数 0.7023 大于森林资源不丰裕区,说明森林资源丰裕区内社会保障支出的变动程度更大;而教育卫生支出比例正好相反,森林资源丰裕区该指标的变异系数约为 0.1759,小于森林资源不丰裕区,说明在教育卫生投入方面森林资源丰裕区的变动程度更小。

6.3.2　收入分配影响因素变量的时间变化趋势

表 6-5 至表 6-7 分别对我国整体及不同森林资源丰裕区收入分配影响因素进行了时间变化的趋势分析,图 6-3 至图 6-5 分别对各区域 1986—2012 年的收入分配因素变量的变化趋势进行了展示,由于前文中对区域经济存量、区域经济发展率、对外开放程度等指标进行了细致的描述,此处重点对产业就业指数及财政支出结构所包含的变量进行统计性分析。结果显示,1986—2012 年间各区域产业就业指数差距较为明显,森林资源不丰裕区产业就业指数始终大于森林资源丰裕区,从变动趋势来看,各区域产业就业指数变化趋势基本相同,随着时间的延伸,均呈现波动上升的趋势。从图 6-3 中可以看出,在不同的年份产业就业指数变动速度并不相同,1986—2001 年间,产业就业指数上升趋势并不明显,尤其在 1994—2001 年间,区域产业就业指数基本维持在 1.7 左右,说明在2001 年以前,区域产业结构相对稳定,并未有大的变革;而自 2001 年之后,各区域产业就业指数都发生了快速的增长,说明各区域产业结构都发生了重大的调整,从时间趋势曲线来看,森林资源不丰裕区产业就业指数的斜率更大,说明在森林资源不丰裕区内产业结构调整得更为迅速,产业结构逐年向第二三产业倾斜,从绝对值大小来看,森林资源不丰裕区 EMI 显著大于森林资源丰裕区,说明在森林资源不丰裕区内,第二三产业劳动力人数在就业人数中占据了更大的比例。

表 6-5　整体区域收入分配变量时间变化趋势(1986—2012)

变量	1986 年	1987 年	1988 年	1989 年	1990 年	1991 年	1992 年	1993 年	1994 年
GP	2.9003	2.9298	2.9654	3.0026	3.0064	3.0390	3.0919	3.1495	3.2013
G	0.1616	0.0711	0.0864	0.0901	0.0090	0.0787	0.1306	0.1430	0.1275
KF	0.0115	0.0119	0.0169	0.0121	0.0135	0.0148	0.0220	0.0408	0.0545
EMI	1.2015	1.2849	1.3607	1.3542	1.3647	1.4086	1.5225	1.6889	1.7126
SB	0.0344	0.0365	0.0363	0.0359	0.0361	0.0383	0.0365	0.0355	0.0354
JW	0.2168	0.2233	0.2317	0.2288	0.2335	0.2258	0.2475	0.2415	0.2638
RE	6.9041	6.7317	6.6584	6.6570	6.5736	6.5953	6.6218	6.6542	6.6544
变量	1995 年	1996 年	1997 年	1998 年	1999 年	2000 年	2001 年	2002 年	2003 年
GP	3.2438	3.2865	3.3268	3.3620	3.3937	3.4212	3.4571	3.4959	3.5394
G	0.1035	0.1037	0.0974	0.0843	0.0759	0.0667	0.0868	0.0934	0.1053
KF	0.0459	0.0502	0.0420	0.0377	0.0305	0.0272	0.0284	0.0295	0.0263

（续表）

变量	1995 年	1996 年	1997 年	1998 年	1999 年	2000 年	2001 年	2002 年	2003 年
EMI	1.7589	1.6838	1.6799	1.6281	1.6522	1.7116	1.7056	1.8482	2.0531
SB	0.0342	0.0309	0.0315	0.0400	0.0581	0.0792	0.0791	0.0917	0.1027
JW	0.2476	0.2417	0.2388	0.2167	0.2084	0.2034	0.2012	0.2024	0.2047
RE	6.6441	6.6559	6.6701	6.6909	6.7341	6.7863	6.8033	6.8702	6.9431
变量	2004 年	2005 年	2006 年	2007 年	2008 年	2009 年	2010 年	2011 年	2012 年
GP	3.5872	3.6378	3.6867	3.7390	3.7824	3.8240	3.8720	3.9182	3.9590
G	0.1165	0.1240	0.1193	0.1281	0.1054	0.1009	0.1176	0.1125	0.0988
KF	0.0343	0.0308	0.0319	0.0313	0.0284	0.0250	0.0238	0.0229	0.0225
EMI	2.3385	2.5131	2.7449	3.0183	3.1924	3.3228	3.8559	4.0232	3.8743
SB	0.0967	0.0966	0.0951	0.1363	0.1329	0.1328	0.1240	0.1159	0.1132
JW	0.1980	0.1953	0.1946	0.2310	0.2369	0.2328	0.2285	0.2387	0.2566
RE	7.0800	7.2642	7.4100	7.5660	7.7303	7.9120	8.1200	8.3163	8.5152

表 6-6 森林资源不丰裕区收入分配变量时间变化趋势(1986-2012)

变量	1986 年	1987 年	1988 年	1989 年	1990 年	1991 年	1992 年	1993 年	1994 年
GP	2.9765	3.0072	3.0452	3.0851	3.0877	3.1204	3.1795	3.2422	3.3004
G	0.1668	0.0742	0.0929	0.0968	0.0061	0.0793	0.1467	0.1564	0.1441
KF	0.0138	0.0144	0.0209	0.0154	0.0175	0.0189	0.0291	0.0516	0.0679
EMI	1.5093	1.6208	1.7326	1.7263	1.7438	1.8045	1.9614	2.1801	2.1990
SB	0.0365	0.0393	0.0389	0.0383	0.0388	0.0422	0.0395	0.0380	0.0371
JW	0.2233	0.2286	0.2303	0.2279	0.2313	0.2210	0.2447	0.2387	0.2569
RE	6.0023	5.8168	5.7151	5.7276	5.6973	5.7343	5.7765	5.8235	5.8178
变量	1995 年	1996 年	1997 年	1998 年	1999 年	2000 年	2001 年	2002 年	2003 年
GP	3.3467	3.3935	3.4367	3.4735	3.5066	3.5308	3.5694	3.6088	3.6534
G	0.1130	0.1139	0.1047	0.0886	0.0793	0.0587	0.0933	0.0951	0.1083
KF	0.0574	0.0603	0.0526	0.0489	0.0400	0.0353	0.0370	0.0388	0.0351
EMI	2.2527	2.1388	2.1307	2.0488	2.0737	2.1551	2.1663	2.3542	2.6305
SB	0.0349	0.0315	0.0313	0.0409	0.0580	0.0759	0.0803	0.0908	0.1006
JW	0.2364	0.2287	0.2306	0.2169	0.2096	0.2078	0.2042	0.2083	0.2071
RE	5.8019	5.8065	5.8143	5.8282	5.8627	5.9246	5.9135	5.9688	6.0288

（续表）

变量	2004 年	2005 年	2006 年	2007 年	2008 年	2009 年	2010 年	2011 年	2012 年
GP	3.7024	3.7518	3.8014	3.8535	3.8951	3.9352	3.9793	4.0231	4.0609
G	0.1195	0.1206	0.1211	0.1276	0.1009	0.0971	0.1078	0.1064	0.0910
KF	0.0416	0.0373	0.0393	0.0392	0.0364	0.0316	0.0308	0.0298	0.0296
EMI	3.0155	3.2541	3.5703	3.9427	4.1806	4.3499	5.0930	5.3117	5.1233
SB	0.0955	0.0937	0.0959	0.1371	0.1316	0.1271	0.1174	0.1140	0.1125
JW	0.1999	0.1937	0.1917	0.2293	0.2334	0.2307	0.2268	0.2397	0.2599
RE	6.1578	6.3013	6.4355	6.5774	6.7236	6.8864	7.0376	7.2219	7.4153

表 6-7　森林资源丰裕区收入分配变量时间变化趋势（1986－2012）

变量	1986 年	1987 年	1988 年	1989 年	1990 年	1991 年	1992 年	1993 年	1994 年
GP	2.8670	2.9004	2.9381	2.9741	2.9793	3.0130	3.0665	3.1251	3.1784
G	0.1681	0.0804	0.0919	0.0870	0.0123	0.0816	0.1325	0.1457	0.1316
KF	0.0122	0.0124	0.0155	0.0113	0.0119	0.0142	0.0235	0.0438	0.0563
EMI	0.9730	1.0443	1.1136	1.1174	1.1086	1.1633	1.2487	1.3211	1.3731
SB	0.0310	0.0327	0.0321	0.0319	0.0324	0.0366	0.0334	0.0314	0.0304
JW	0.2208	0.2295	0.2362	0.2330	0.2379	0.2287	0.2508	0.2464	0.2668
RE	8.2144	8.0012	7.9078	7.8875	7.7736	7.7794	7.7898	7.8057	7.7985
变量	1995 年	1996 年	1997 年	1998 年	1999 年	2000 年	2001 年	2002 年	2003 年
GP	3.2237	3.2670	3.3069	3.3417	3.3736	3.4027	3.4373	3.4761	3.5191
G	0.1103	0.1052	0.0963	0.0835	0.0764	0.0708	0.0836	0.0935	0.1044
KF	0.0487	0.0520	0.0419	0.0357	0.0296	0.0268	0.0284	0.0296	0.0261
EMI	1.4018	1.3219	1.3122	1.2920	1.3464	1.4140	1.3824	1.4852	1.6644
SB	0.0303	0.0276	0.0283	0.0393	0.0541	0.0746	0.0713	0.0852	0.0965
JW	0.2527	0.2455	0.2380	0.2180	0.2097	0.2046	0.2033	0.2026	0.2054
RE	7.7827	7.7892	7.7973	7.8141	7.8688	7.9464	7.9603	8.0444	8.1352
变量	2004 年	2005 年	2006 年	2007 年	2008 年	2009 年	2010 年	2011 年	2012 年
GP	3.5666	3.6182	3.6675	3.7203	3.7655	3.8089	3.8609	3.9084	3.9509
G	0.1154	0.1267	0.1203	0.1292	0.1101	0.1055	0.1277	0.1156	0.1030
KF	0.0329	0.0313	0.0313	0.0298	0.0267	0.0233	0.0216	0.0206	0.0204
EMI	1.8443	2.0370	2.2417	2.5516	2.7572	2.8756	3.4838	3.5972	3.3151
SB	0.0920	0.0930	0.0915	0.1292	0.1264	0.1296	0.1204	0.1115	0.1091
JW	0.1990	0.1965	0.1979	0.2342	0.2390	0.2332	0.2292	0.2402	0.2581
RE	8.2932	8.5098	8.6812	8.8635	9.0554	9.2593	9.5077	9.7269	9.9479

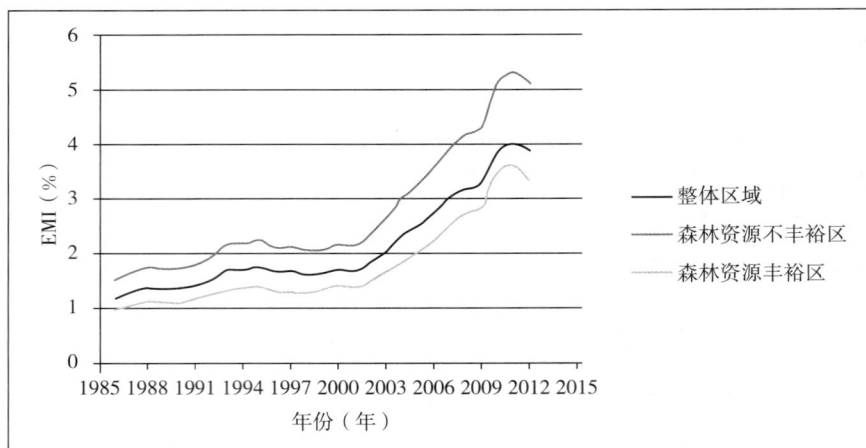

图 6 - 3   各区域 1986－2012 年产业就业结构变化趋势

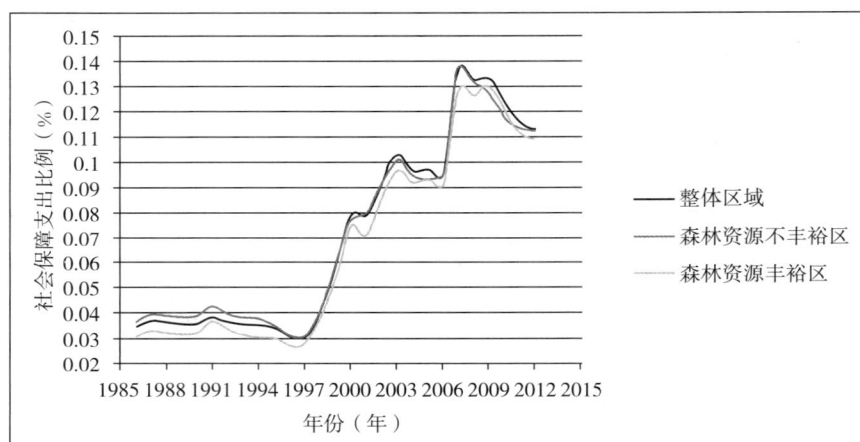

图 6 - 4   各区域 1986－2012 年社会保障支出比例变化趋势

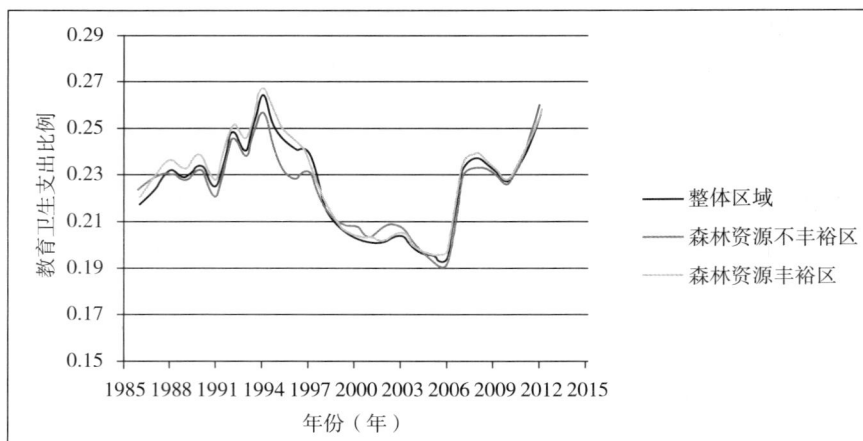

图 6 - 5   各区域 1986－2012 年教育卫生支出比例变化趋势

理论上,社会保障支出及教育卫生方面的支出是财政支出中有利于缩小收入差距的重要财政支出。1986－2012 年,我国整体及不同森林资源丰裕区内,社会保障支出比例的变动趋势相似。从大小来看,不同森林资源丰裕区之间该指标的大小相近,森林资源不丰裕区略高于森林资源丰裕区,说明各区域财政支出结构中社会保障支出的相对比例相似,并无大的差别。从其变动趋势来看,在 1997 年以前,我国整体社会保障支出在财政总支出中所占比例呈现逐年下降趋势,而在 1998 年之后,这一比例呈现波动上升的态势,到 2009 年这一指标上升到峰值,之后开始逐年下降,这种变化趋势与整体经济发展环境有关,受 1998 及 2008 两次金融危机的影响,社会保障支出比例在相应年份也出现了剧烈的增长,而后开始逐年下降。

教育卫生支出所占区域财政总体支出比例在各区域之间也呈现相同的变化趋势,从1986－2012 年间的变化趋势可以看出,教育卫生支出在调查年份期间波动趋势较大,整体来看,各区域教育卫生支出的比例呈现一种“N”型的变动趋势。在 1986－1995 年间各区域教育卫生方面的支出比例在逐年增加,而在 1996－2006 年间该指数呈现下降趋势,2007 年以后该指数又呈现一种快速上升的趋势。从各区域大小的对比来看,大部分年份内,森林资源丰裕区的教育卫生支出比例都要大于森林资源不丰裕区,说明森林资源丰裕区对教育及卫生的重视程度要高于森林资源不丰裕区,在整体财政支出中投入了较大比例。

6.4　收入分配影响因素实证检验

6.4.1　模型设定

考虑到我国不同森林资源丰裕区的实际情况以及区域经济对收入分配影响的理论分析,本文借鉴了前人的研究基础,构建了如下面板模型:

$$P_t^i = \alpha + \beta_1 G_t^i + \beta_2 GP_t^i + \beta_3 KF_t^i + \beta_4 EMI_t^i + \beta_5 SB_t^i + \beta_6 JW_t^i + \beta_7 RE_t^i + \mu \qquad (1)$$

其中,i 表示区域个体,t 表示时间;α 为常数项,β 分别为各指标系数;P 为区域收入分配指标,用区域城乡基尼系数表示;G 表示区域经济增长率;GP 为区域经济存量;KF 表示区域对外开放程度;EMI 是区域就业结构指数;SB 及 JW 分别为财政支出中社会保障支出及教育卫生支出所占比例,表示区域财政支出结构;RE 表示区域人均森林资源禀赋程度;对涉及价格影响的各变量,在实际计算中以 1986 年为基期,均采用了不变价格进行折算。

所用数据均来自《中国统计年鉴》《中国农村统计年鉴》《林业统计年鉴》以及我国各省区统计年鉴 1986－2012 统计数据。

6.4.2　模型检验及差分模型设定

面板数据中一些非平稳的经济时间序列不存在直接联系,但可能存在共同的变化趋势,直接利用这些数据进行回归,其结果并不存在经济意义,也被称为虚假回归或伪回归。为了防止这种现象的出现,在运用模型回归之前,我们利用 LLC 及 ADF－fisher 及 PP－Fisher 检验的方法对各影响变量序列进行了单位根检验,结果见表 6－8,从检验结果可以看出,变量集中只有区域经济增长率 G、对外开放 KF 及教育卫生支出比例通过了 0 阶单整的检验,其他变量均属于一阶单整。自变量与因变量之间为非平稳序列。为了使各变量之间变为同阶单整,我们对原始变量统一进行了一阶差分处理。

表 6－8　变量单位根检验结果

	检验形式	LLC检验	ADF－Fisher检验	PP－Fisher检验		检验形式	LLC检验	ADF－Fisher检验	PP－Fisher检验
原始变量	P	−2.49*** (0.006)	32.71 (0.43)	19.89 (0.99)	一阶差分	P(1)	−7.91*** (0.000)	140.36*** (0.000)	110.87*** (0.000)
	GP	7.83 (1.00)	13.46 (1.00)	6.88 (1.00)		GP(1)	−8.42*** (0.000)	153.72*** (0.000)	138.28*** (0.000)
	G	−7.35*** (0.000)	169.89*** (0.000)	190.554*** (0.000)		G(1)	−22.59*** (0.000)	398.74*** (0.000)	517.11*** (0.000)
	KF	−2.35*** (0.009)	64.54*** (0.008)	56.17** (0.046)		KF(1)	−15.36*** (0.000)	278.29*** (0.000)	284.92*** (0.000)
	EMI	8.18 (1.000)	6.45 (1.000)	6.45 (1.000)		EMI(1)	−4.72*** (0.000)	137.84*** (0.000)	149.99*** (0.000)
	SB	2.27 (0.988)	10.96 (1.000)	11.20 (1.000)		SB(1)	17.37*** (0.000)	307.24*** (0.000)	316.77*** (0.000)
	JW	−1.74** (0.041)	55.45* (0.053)	53.18* (0.079)		JW(1)	−17.60*** (0.000)	332.31*** (0.000)	349.22*** (0.000)
	RE	12.54 (1.0000)	26.56 (0.949)	13.54 (1.000)		RE(1)	−2.16·* (0.015)	89.71*** (0.000)	106.07*** (0.000)

由模型(1)可知:T−1 时期的区域收入分配模型为

$$P_{t-1}^i = \alpha + \beta_1 G_{t-1}^i + \beta_2 GP_{t-1}^i + \beta_3 KF_{t-1}^i + \beta_4 EMI_{t-1}^i + \beta_5 SB_{t-1}^i + \beta_6 JW_{t-1}^i + \beta_7 RE_{t-1}^i + \mu$$

$$(2)$$

模型(1)减去模型(2)可得:

$$p_t^i - p_{t-1}^i = \beta_1(G_t^i - G_{t-1}^i) + \beta_2(GP_t^i - GP_{t-1}^i) + \beta_3(KF_t^i - KF_{t-1}^i) + \beta_4(EMI_t^i - EMI_{t-1}^i)$$
$$+ \beta_5 \binom{B_{ti} S}{S - B_{t-1i}} + \beta_6(JW_t^i - JW_{t-1}^i) + \beta_7(RE_t^i - RE_{t-1}^i)$$

我们用 $P(1)$、$G(1)$、$GP(1)$、$KF(1)$、$EMI(1)$、$SB(1)$、$JW(1)$ 及 $RE(1)$ 分别表示各变量在 T 时期与 $T-1$ 时期的差值,以上模型变型见公式(3)

$$P(1)=\beta_1 G(1)+\beta_2 GP(1)+\beta_3 KF(1)+\beta_4 EMI(1)+\beta_5 SB(1)+\beta_6 JW(1)+\beta_7 RE(1)+\xi$$

$$(3)$$

模型(3)中 ξ 为差分方程的误差项;利用模型(3)可以很好地避免原始模型中所存在的伪回归现象,同时,由于各差分变量系数不变,仍可作为原始模型的解释依据。模型(3)中各变量的 Fisher(Combined Johansen)检验结果显示,变型后的各变量序列并未拒绝存在协整关系的假设,可以进行有效回归。

6.4.3　模型实证检验结果分析

面板模型因为时期和个体的不同模式,分为固定和随机两种形式,在模型形式选择上均采用了 Hausman 检验进行确定。

6.4.3.1　各区域1986—2012年检验结果

(1)模型整体拟合状况

从表6-9中可以看出,我国整体及各森林资源丰裕区在1986—2012年间模型 R^2 值并不太高,但是 F 检验值均通过了5%的检验水平,从各变量系数也可以看出,各区域收入分配影响变量符合经济学解释意义,可以按照检验结果对区域收入分配状况进行解读。

表6-9　模型实证结果(1986—2012)

模型分类	整体模型		森林资源不丰裕区		森林资源丰裕区	
解释变量	系数估计值	显著性水平	系数估计值	显著性水平	系数估计值	显著性水平
G1	0.062***	0.005	0.091***	0.002	−0.033	0.245
GP1	−0.132**	0.030	−0.143*	0.092	−0.035*	0.063
KF1	0.136*	0.051	0.172*	0.072	0.035*	0.086
EMI1	−0.001**	0.010	−0.001***	0.002	−0.010	0.248
SB1	0.023	0.645	0.034	0.667	0.019	0.716
JW1	0.006	0.893	0.012	0.858	0.012	0.786
RE1	0.001	0.859	0.016	0.361	0.005*	0.071
R—squared	0.327		0.255		0.437	
F—statistic	2.01**	0.042	2.33**	0.025	4.88***	0.000
模型选择	个体随机— 时期随机		个体随机— 时期随机		个体随机— 时期固定	

(2)各区域收入分配影响因素分析

① 经济增长率拉大了区域收入分配差距,但不同森林资源丰裕区有差别

在1986—2012年间,我国整体上经济增长率对区域基尼系数呈现正向拉动作用,当

区域经济增长率增长一个百分点,区域基尼系数将上升 0.062 个百分点,说明在过去几十年中,我国整体上经济增长对区域低收入群体改善状况并不明显,亲贫式的增长方式并未出现,相反,经济增长率的提升反而加大了区域收入分配的不平等状况。在不同的森林资源丰裕区,经济增长对区域收入分配的影响作用并不相同,从检验结果来看,在森林资源不丰裕区,经济增长与我国整体相似,经济增长率加大了区域收入分配的不平等程度,从模型系数来看,这一影响超过了我国整体平均程度,说明在 1986—2012 年间,森林资源不丰裕区经济增长对收入分配的影响更大,经济增长每提升一个百分点,区域收入分配不平等状况将上升 0.091 个百分点。与森林资源不丰裕区相反,经济增长率对森林资源丰裕区收入分配的影响呈现负向作用,尽管并未通过显著性检验,但可以看出,森林资源丰裕区内经济增长可以缩小区域收入差距,这一结果说明提升森林资源丰裕区经济增长速度依然是改善区域收入差距的重要途径。

② 区域经济存量的增加可以缩小收入差距

区域人均 GDP 的存量是用来衡量区域经济发展状况的另一个指标,与区域经济发展率不同,区域经济存量与收入分配呈现负相关关系。在 1986—2012 年间,我国整体上,区域经济存量每上升一个百分点,区域收入分配不平等状况将下降 0.132 个百分点,这一结果在 5% 的显著性水平下通过了检验。在不同的森林资源丰裕区内,这一负向关系也成立,并都在 10% 的水平下显著相关,从系数大小来看,森林资源不丰裕区内,区域经济存量对区域收入分配的影响作用更大。

③ 对外开放是区域收入差距的重要原因

在 1986—2012 年间,对外开放是区域收入分配的重要原因,这一结论与鲁晓东(2008)年研究结果类似。模型结果显示,我国整体上对外开放程度每增加 1%,区域收入分配差距将拉大 0.136%,这一结果在 5% 的水平上显著;在不同森林资源丰裕区,对外开放对区域收入分配呈现相似的极化作用,并均通过了显著性检验。从其影响系数来看,对外开放对森林资源不丰裕区的影响程度更大,该指标每增加 1%,森林资源不丰裕区的收入差距将扩大 0.172%,而森林资源丰裕区的增加幅度为 0.035%,远小于森林资源不丰裕区。这一结果的原因可能有两个:一是说明森林资源丰裕区因自身丰裕的自然资源禀赋而存在更强的风险应对能力,对外开放对森林资源丰裕区的冲击要远小于森林资源不丰裕区;二是相比较森林资源不丰裕区,森林资源丰裕区对外开放程度较小,贸易开放对区域收入分配的影响较小。

④ 产业结构升级可显著降低区域收入差距

产业结构升级可促使区域劳动力实现从第一产业向二三产业的流动,从而减少因产业边际收益而带来的居民收入差距,模型检验结果与预期一致。在 1986—2012 年间,我国整体上产业就业指数提升 1%,区域收入分配将缩小 0.001%,这一结果在 5% 的显著性水平下通过了检验。在不同森林资源丰裕区内,区域产业就业指数与收入分配在调查年份内均呈现负向关系,森林资源不丰裕区二者通过了显著性检验,而在森林资源丰裕区,二者并不显著。说明在森林资源丰裕区内产业结构调整并未产生显著的收入差距涓滴效应,这种结果可能与调查时期有关。因为在 1998 年前后,森林资源丰裕区产业结构出现政策性调整,这种调整可能影响了产业结构对区域收入分配的作用。

⑤ 财政支出结构并未改善区域收入差距

利用社会保障支出及区域教育卫生方面支出对财政支出结构的衡量中,并未发现如预期中改善区域收入差距的状态。从检验结果看,在 1986-2012 年间,无论是我国整体还是在不同的森林资源丰裕区内,两个指标都未出现能缩小区域收入差距的情况,尽管两个指标都未通过显著性检验,但依然可以认定在过去的几十年中我国各区域财政支出结构并不具效率。造成这种局面的原因可能有三个:一是这种局面与调查时期有关,在不同的研究期间内这种局面可能会有所变化;二是区域财政支出中社会保障支出及教育卫生支出瞄准性并不够,各财政支出并没有真实地向低收入倾斜,反而在一定程度上加大了区域收入差距;三是低收入群体并不具有很强的权利发言权,在财政再分配的过程中并不能有效影响政府财政政策制定,在政府信息并不对称的情况下,难以实现有效率的财政政策。

(3) 森林资源丰裕度对收入分配影响

从检验结果来看,在 1986-2012 年间,我国整体区域与森林资源不丰裕区,森林资源丰裕度与收入分配之间呈现正相关关系,但是两个模型并不显著。然而森林资源丰裕区的检验发现,在 1986-2012 年间,森林资源丰裕度与区域收入分配呈现显著的正相关关系,区域森林资源丰裕度每提升一个百分点,区域基尼系数将上升 0.005 个百分点,这一结论与预期相符。森林资源丰裕区居民尤其是低收入群体会将更多的劳动时间配置在林业产业,从而减少了其他产业的劳动时间。在林业产业不具竞争优势,劳动时间的边际收益更低的情况下,低收入群体更多的林业时间配置,也提升了与其他收入群体的收入差距,这种作用在森林资源丰裕区体现地尤为明显。

6.4.3.2 各区域分段检验结果

自 1998 年起,我国陆续实施六大林业重点工程,对森林资源的利用也由开放式转为保护利用,由于分析年限 1986 年到 2012 年,包括了森林资源利用政策发生转变的两个时期。这种实际检验可能掩盖了森林资源在不同时期的作用,为了进一步探究森林资源丰裕度与区域收入分配之间的关系是否受到了林业政策转变的影响,文章分 1986 年-1998 年及 1999 年-2012 年两个时间段对区域经济增长进行了考察,以观测森林资源对收入分配作用的稳定性,检验结果如表 6-10 以及 6-11 所示。

表 6-10 各区域收入分配影响因素检验结果(1986-1998)

模型分类	整体模型		森林资源不丰裕区		森林资源丰裕区	
解释变量	系数估计值	显著性水平	系数估计值	显著性水平	系数估计值	显著性水平
$G1$	0.061	0.149	0.088	0.188	-0.029	0.462
$GP1$	-0.226^{**}	0.021	-0.255	0.102	-0.022^{**}	0.037
$KF1$	0.114^{*}	0.096	0.154^{*}	0.053	0.208^{*}	0.087
$EMI1$	-0.003^{*}	0.094	-0.001^{**}	0.010	-0.039^{**}	0.029
$SB1$	-0.023	0.852	-0.094	0.600	0.015	0.933
$JW1$	-0.047	0.468	-0.146	0.209	0.029	0.700

（续表）

模型分类	整体模型		森林资源不丰裕区		森林资源丰裕区	
解释变量	系数估计值	显著性水平	系数估计值	显著性水平	系数估计值	显著性水平
$RE1$	0.002	0.827	−0.041	0.447	0.008	0.199
$R-squared$	0.177		0.205		0.098	
$F-statistic$	2.64***	0.0004	1.62*	0.068	1.55*	0.067
模型选择	个体随机−时期固定		个体随机−时期固定		个体随机−时期随机	

表 6-11　各区域收入分配影响因素检验结果(1999−2012)

模型分类	整体模型		森林资源不丰裕区		森林资源丰裕区	
解释变量	系数估计值	显著性水平	系数估计值	显著性水平	系数估计值	显著性水平
$G1$	0.066*	0.063	0.068	0.203	0.026	0.470
$GP1$	−0.089*	0.072	0.097*	0.069	−0.187*	0.092
$KF1$	0.060**	0.015	0.143*	0.097	−0.079***	0.008
$EMI1$	0.001**	0.011	−0.0004***	0.001	0.011*	0.076
$SB1$	−0.026	0.628	−0.031	0.784	−0.004	0.924
$JW1$	0.077	0.352	0.261*	0.083	−0.006	0.929
$RE1$	−0.001	0.770	0.012	0.596	0.002	0.500
$R-squared$	0.276		0.141		0.708	
$F-statistic$	2.34***	0.000	2.34***	0.000	8.41***	0.000
模型选择	个体固定−时期固定		个体随机−时期固定		个体固定−时期固定	

（1）不同区域收入分配影响因素两时期变化分析

① 森林资源丰裕区经济增长率对收入分配的影响由负向缓解转为正向极化

表 6-10 及表 6-11 的分段检验结果显示,我国整体样本及森林资源不丰裕区样本在两个时期内经济增长率对区域收入分配均呈现正向极化作用。说明在过去近 30 年中,我国整体上及森林资源不丰裕区内,经济增长对收入分配的作用始终一致,区域内收入分配差距不断扩大。这一结果也证实了我国改革开放所制定的允许部分人先富的国策对区域经济增长方式的影响。然而并非所有区域经济增长率对收入分配都呈现一致影响,检验结果显示,在森林资源丰裕区内,1986−1998 年间区域经济增长率可以缩小区域收入分配。而在 1998 年之后,这种作用变为正向极化作用,尽管二者均未通过显著性检验,但从模型系数符号可以看出,两个时期内森林资源丰裕区的经济增长方式发生了显著的变化。因而对区域收入分配产生了不同的影响,当然这一结果也可能与区域经济存量大小有关,在区域经济存量较小的情况下,经济增长率的提高可以改善区域贫困状况。主要体现在对绝对贫困者收入的提高上,这也在一定程度上改善了相对贫困状况,而随着整体经济总量的提升,绝对贫困数量趋于减少,经济增长率则拉大了收入分配。

② 经济存量改善收入分配的状况趋于减弱

检验结果显示,不同森林资源丰裕区内经济存量与收入分配之间关系的变化并不相同。森林资源丰裕区及我国整体在分段检验与全时期检验中二者都呈现负向相关关系,并都通过了显著性检验,说明经济存量越高的区域收入差距越小。然而从指标系数来看,我国整体上经济存量对收入分配的影响系数绝对值在 1986－1998 年间为 0.226,而在 1999－2012 年间,变为 0.089,说明经济存量的改善作用正在减弱。森林资源不丰裕区的检验结果也证实了这一结论,在森林资源不丰裕区两个时期内区域经济存量对收入分配的影响发生了由负向缓解向正向极化的转变,说明了随着时间的延伸,经济存量较高的地区收入分配开始逐渐拉大。森林资源丰裕区由于经济发展滞后,区域内经济存量绝对值较小,尚未出现减弱的局面。

③ 对外开放的极化作用趋于弱化

检验结果显示,我国整体上对外开放对区域收入分配的影响由 0.114 减弱为 0.06,说明在两个时期内对外开放程度每提升 1％,区域收入分配差距分别提升 0.114％ 和 0.06％,后者比前者少了 0.05 个百分点。说明随着时间的延伸对外开放引起的收入差距扩大效应正在减小,森林资源不丰裕区内变化与我国整体变化类似,也证实了这一结论。森林资源丰裕区内对外开放的转变幅度最大,在 1986－1998 年间,区域对外开放每提升 1％,区域收入差距将拉大 0.21％,而在 1999－2012 年间,对外开放转为可以缓解 0.19％,说明对外开放在森林资源丰裕区内的作用更为明显,这一结论与(Bhagwati and Srinivasan,2002)年研究结论相似,即对外开放可以缩小低收入区域的收入差距而加大高收入的不平等状况。

④ 产业结构升级福利日趋减少

在 1986－1998 年间,我国整体上产业就业指数每升高 1％,也即区域二三产业就业人数与第一产业人数的比例每增加 1％,区域收入分配差距将缩小 0.003％,并在 10％ 的水平下显著,说明在这一时期,产业结构的调整可以改善区域收入分配状况;而在 1999－2012 年间,产业结构调整每提升 1％,区域收入差距将扩大 0.001％,说明因产业结构升级所带来的收入差距缩小的效应以不复存在,这种状况也间接说明我国各区域内收入分配差距由产业间分配不均转向产业内收入不平等。不同森林资源丰裕区内这种变化有所区别,森林资源不丰裕区内,产业结构升级在两个时期内均体现了缩小区域收入分配差距的作用,然而从系数大小来看,随着时间的进程,这种影响作用日趋减少;森林资源丰裕区内由于产业结构的调整更多依靠政策的转变,强制性产业结构的变化带来了区域收入差距的波动。从检验结果看,在 1986－1998 年间,森林资源丰裕区内产业结构调整可以改善区域收入分配状况,并且比森林资源不丰裕区体现地更为明显,而在 1999－2012 年间,这一影响作用发生了根本的变化,产业结构的变化使区域收入差距日趋扩大,并在 10％ 的水平下显著。

⑤ 财政支出结构对收入分配影响并不稳定

从分段检验的结果来看,两个时期内,社会保障支出对区域收入分配均未通过显著性检验,证明社会保障支出瞄准性不够,并未起到缩小区域收入差距的作用。在森林资源丰裕区内,1986－1998 年间,这一指标与区域收入分配呈正的相关关系,说明在这一时间内,森林资源丰裕区社会保障支出起到了相反的作用,在一定程度上拉大了区域收入分配。尽管在 1999—2012 年间,该指标呈现了负向作用,但是并未通过显著性检验,结合整体时期的检验结果可知,这一指标对收入分配的影响并不稳定。教育及卫生方面的支出也存在同样的问题,说明区域教育及卫生支出并未发挥倾向低收入群体的作用,并不能改善区域收入分配的状况。

(2)森林资源丰裕度在两个时期内对收入分配的影响分析

森林资源丰裕度与收入分配之间的关系基本上与预期相符,在两个时期内森林资源丰裕度对区域收入分配的影响并不相同。从我国整体样本模型来看,在 1986—1998 年间,森林资源丰裕度与收入分配之间呈现正的相关关系,而在 1999—2012 年间这种关系发生了变化,森林资源丰裕度不再是区域收入分配拉大的原因,这与我国森林资源政策调整对区域林业产业的影响有关。在森林资源丰裕区内,森林资源丰裕度对区域收入分配的影响也发生了变化,但是并不如预期中变化的那么明显。这可能与森林资源丰裕区内劳动力转变的时间有关,劳动力结构型转变需要一定的时间,并且也存在相应的沉没成本,这种原因使得森林资源丰裕区内二者变化并不明显。但从其影响系数来看,森林资源丰裕度在两个时期内对收入分配的弹性系数由 0.008 变为 0.002,其作用程度发生了明显的改变。

(3)不同森林资源丰裕区收入分配差异性分析

从整体时期来看,对外开放及森林资源丰裕度是造成区域收入分配的重要原因,而区域经济存量及产业结构调整可以在一定程度上缓解区域收入分配差距。首先,从不同森林资源丰裕区对外开放指标弹性系数的比较可以看出,森林资源丰裕区内对外开放对收入分配的影响要远小于森林资源不丰裕区。不仅如此,在调查年份内森林资源不丰裕区对外开放程度始终高于森林资源丰裕区,因此可以看出,对外开放是造成不同森林资源丰裕区收入分配差距的重要因素。其次,从森林资源丰裕度来看,森林资源丰裕区人均森林蓄积量是森林资源不丰裕区的 6.8 倍,并且森林资源丰裕度对森林资源丰裕区内收入分配的影响更为显著。这种差别造成了森林资源丰裕区内部收入分配更严重的局面,也是不同森林资源丰裕区内收入分配差异的重要因素。再次,森林资源丰裕区的平均经济存量及产业结构调整指数显著低于森林资源不丰裕区,森林资源丰裕区其自身缓解收入分配的能力有限,这也加剧了森林资源丰裕区收入不平等更严重的现象。

在不同的研究阶段,森林资源丰裕区内收入不平等更为严重的原因并不完全相同。从检验结果可以看出,在 1986—1998 年间,对外开放在森林资源丰裕区有着更强的极化效应,并且这一时期内,不同森林资源丰裕区之间对外开放程度的差别非常小,这种更强的极化效应造成了森林资源丰裕区更严重的收入分配不平等状况。除此之外,森林资源丰裕区内森林资源丰裕度的不利影响及财政支出结构的非有效等原因都加重了森林资源丰裕区的收入分配差距;相反森林资源不丰裕区内财政支出结构及森林资源丰裕度可以在一定程度上缓解区域内收入差距。不仅如此,森林资源不丰裕区具有显著优势的经济存量也缓解了区域收入分配差距;这种作用的综合形成了 1986—1998 年间森林资源丰裕区内收入差距更大的状况。

从前文对不同森林资源丰裕区的收入分配变化的测度中可以发现,相比之前收入分配逐年拉大的趋势,在 1999—2012 年间,森林资源丰裕区收入分配逐渐平稳,并在 2008 年之后又呈现缩小趋势,而森林资源不丰裕区的收入不平等状况则呈现逐年恶化的态势。从两个区域在 1999—2012 年的检验结果来看,森林资源丰裕区在这一时期内收入分配差距主要是产业结构的调整所带来的,而对外开放在这一时期内明显起到了涓滴效应,能在一定程度上缩小区域收入分配差距。在森林资源不丰裕区,尽管产业结构可以在一定程度上缩小收入不平等状况,然而区域经济存量以及对外开放都显著加大了区域收入分配差距,造成该区域基尼系数逐年上升。

6.5　本章小结

通过对我国整体及不同森林资源丰裕区的收入分配描述分析,可以发现,在 1986—2012 年间,我国各区域收入分配均呈现逐年拉大的趋势,并已超过国际上 0.4 的警戒线水平。其中,森林资源丰裕区的收入分配差异要显著大于森林资源不丰裕区,无论从时间维度分析还是从空间层面测量,这一结果都显著存在,这一结果客观说明森林资源越丰裕的地区收入分配差异越大;进一步分析区域间经济状况、财政支出结构、产业结构、对外开放等因素发现,不同森林资源丰裕区之间收入分配影响因素的配置存在一定的区别。

在此基础上,本章以对我国整体样本及不同森林资源丰裕区收入分配的影响因素进行了实证检验和分析。结果发现,在 1986—2012 年间,各区域收入分配的影响因素大致相同,但影响程度并不一致。在森林资源丰裕区内,无论是对收入分配有极化作用的对外开放还是能在一定程度上弱化收入差距的区域经济存量,其对收入分配的弹性系数都要小于森林资源不丰裕区,而森林资源丰裕度的显著差别及更小的缓解区域收入分配差距的能力造成了森林资源丰裕区存在更严重收入分配问题的现状。

而在不同的时期,不同森林资源丰裕区的收入分配影响因素有所变化,在 1986—1998 年间,森林资源丰裕区与森林资源不丰裕区对外开放程度的差别非常小,对外开放在森林资源丰裕区更强的极化效应造成了森林资源丰裕区更严重的收入分配不平等状况。除此之外,森林资源丰裕区内森林资源丰裕度的不利影响及财政支出结构的非有效原因等都加重了森林资源丰裕区的收入分配差距;在 1999—2012 年间,产业结构调整是森林资源丰裕区收入分配的重要影响因素,而该因素对两个区域不同的影响也造成了二者在这一时期的差别。

第七章　不同森林资源丰裕区
相对贫困的传导路径分析

前面章节分析显示,不同森林资源丰裕区内,区域经济增长及收入分配的主导因素并不一致。在不考虑经济增长与收入分配之间相互影响的情况下,各影响因素会单一的通过经济增长或者收入分配的传导,最终作用于相对贫困;然而,在现实中,经济增长及收入分配也存在相互影响,在这种情况下,各影响因素既可以通过经济增长又可以通过收入分配来对区域相对贫困产生影响。本章的分析将综合考虑区域经济增长及收入分配间的相互关系,期望在前面章节的分析基础上,结合区域经济增长及收入分配的影响因素,考察不同森林资源丰裕区相对贫困的传导路径,以便对其原因进行细致了解,为缓解区域相对贫困提供依据。

7.1　联立方程模型构建

相对贫困理论分析显示,经济增长及收入分配可能是传导相对贫困的两个重要途径。通过对区域要素禀赋差异分析可知,不同森林资源丰裕区内各要素配置存在显著差异,区域内经济增长及收入分配的影响因素也各不相同,在不考虑经济增长及收入分配相互影响的情况下,各要素可单一的通过经济增长或收入分配进而产生对相对贫困的影响;然而,经济增长及收入分配对相对贫困的影响作用及其方向并不确定,且二者之间存在相互影响(李永友,2007;胡兵,2005)。在考虑这种相互影响的情况下,相同的区域要素资源可能会同时通过两种途径产生对相对贫困的不同影响,从而难以确定区域内要素配置对相对贫困的作用。为了进一步分析不同森林资源丰裕区相对贫困产生的直接和间接原因,并得到可供操作的政策建议,我们将前面章节中的模型进行了联立,并在此基础上加入了相对贫困模型,构建联立方程组,具体模型如下:

$$RPI_t^i = \alpha_0 + \alpha_1 G_t^i + \alpha_2 P_t^i + \alpha_3 RE_t^i + \mu_t^i \tag{1}$$

$$G_t^i = \beta_0 + \beta_1 P_t^i + \beta_2 GP1_t^i + \beta_3 CX_t^i + \beta_4 WZ_t^i + \beta_5 RL_t^i + \beta_6 KJ_t^i$$
$$+ \beta_7 ZF_t^i + \beta_8 KF_t^i + \beta_9 DL_t^i + \beta_{10} RE_t^i + \mu_t^i \tag{2}$$

$$P_t^i = \gamma_0 + \gamma_1 G_t^i + \gamma_2 GP_t^i + \gamma_3 KF_t^i + \gamma_4 EMI_t^i + \gamma_5 SB_t^i + \gamma_6 JW_t^i + \gamma_7 RE_t^i + \mu_t^i \tag{3}$$

模型中各变量与前文中表示含义相同,其中 RPI 表示区域相对贫困程度、G 为区域经济增长率、P 表示区域收入分配差异程度、RE 表示区域森林资源丰裕度、$GP1$ 为滞后一期的区域经济存量、CX 表示区域储蓄率、WZ 表示区域物质资本的投入、RL 表示人力资本投入、KJ 表示区域科技水平、ZF 表示政府干预能力、KF 表示区域开放程度、DL 表示区域道路密度、EMI 表示区域就业结构、SB 及 JW 分别表示区域财政支出结构中社会保障、教育卫生支出所占比例,各指标的具体计算公式在前文中已经列出,此处不再赘述;α,β,γ 表示各变量的系数,μ 是误差项;i 表示第 i 各区域,t 表示年份。

联立方程中某些变量由于存在单位根,属于非同阶单整,直接用来做面板数据的回归可能会出现伪回归的现象,在本章的分析中,我们利用差分的方法对某些变量进行了差分处理,由于前面章节的分析中已经对这一过程进行了详细的说明,此处不再进行多余的验证,而直接使用相应差分的方式进行估计。故模型变型如下:

$$RPI(1)_t^i = \alpha_0 + \alpha_1 G(1)_t^i + \alpha_2 P(1)_t^i + \alpha_3 RE(1)_t^i + \mu_t^i \tag{4}$$

$$G(1)_t^i = \beta_0 + \beta_1 P(1)_t^i + \beta_2 GP1(1)_t^i + \beta_3 CX_t^i + \beta_4 WZ(1)_t^i + \beta_5 RL(1)_t^i + \beta_6 KJ(1)_t^i \\ + \beta_7 ZF_t^i + \beta_8 KF_t^i + \beta_9 DL(1)_t^i + \beta_{10} RE(1)_t^i + \mu_t^i \tag{5}$$

$$P(1)_t^i = \gamma_0 + \gamma_1 G(1)_t^i + \gamma_2 GP(1)_t^i + \gamma_3 KF(1)_t^i \\ + \gamma_4 EMI(1)_t^i + \gamma_5 SB(1)_t^i + \gamma_6 JW(1)_t^i + \gamma_7 RE(1)_t^i + \mu_t^i \tag{6}$$

由于联立方程中存在内生变量,如 G、P 等,直接采用最小二乘法估计的结果将不再具有一致性,通过对联立方程中的阶条件及秩条件的测算可知,三个方程均属于过度识别,因此我们选择相对更有效的三阶段最小二乘法进行估计。以便进一步分析各影响因素对区域相对贫困的作用方式及其传递路径。

7.2　整体样本相对贫困传导路径分析

从前面章节的验证中可以知道,不同森林资源丰裕区在经济增长方式及收入分配的影响因素方面存在一定的差异性,这种差异会通过对经济增长及收入分配的直接影响或间接影响而最终作用于相对贫困。了解各因素对相对贫困的影响路径,可以为解决相对贫困问题提供基础资料。尽管在不同的时期内,各森林资源丰裕区内也在发生着动态变化,但为了对区域相对贫困进行解读和方便进行制定应对措施,本章中并未对各区域过去的时期进行分段分析,而仅对整体样本及不同森林资源丰裕区样本在 1986－2012 年间相对贫困变化进行了路径的探析,并对其影响程度进行了说明。

7.2.1　整体样本相对贫困传导路径分析(1986－2012)

表 7－1 展示了对整体样本的三阶段最小二乘法的检验结果,从整体拟合状况来看,尽管联立方程组中 R^2 并不高,但是模型整体的卡方值均在 1% 的水平上通过了检验,说

明模型具有统计学意义,可以用来进行分析。从联立方程中各子方程的变量检验结果也可以看出,除变量系数大小存在微小的变化外,各变量对经济增长及收入分配的影响方向与前面章节分析相一致,这也在一定程度上说明了联立方程组结果的稳健性。

表 7-1　三阶段最小二乘法检验结果

	整体样本(1986—2012)		
变量	RPI	G	P
G	−0.144		−0.001
P	7.054***	−0.842	
RE	0.002	0.042***	0.007*
$GP1$		−0.813***	
WZ		0.058*	
RL		4.802***	
kj		−0.300*	
CX		−0.0003	
ZF		−0.126***	
KF		0.191***	0.183***
DL		0.009	
GP			−0.402***
EMI			−0.001
SB			0.092*
JW			0.030
R^2	0.53	0.37	0.46
chi^2	23.87***	370.65***	83.51***

在考虑经济增长及收入分配之间的相互影响之后,二者对相对贫困的作用与理论分析相一致。从模型整体检验结果来看,经济增长及收入分配对相对贫困直接作用并不相同,经济增长可以在一定程度上缓解区域相对贫困,而收入分配差异则是造成区域相对贫困的主要原因。从模型系数来看,首先,当经济增长率每上升1%,区域相对贫困将下降0.144%,但是这种作用并不显著,说明在1986—2012年间,我国整体上经济增长可以缓解相对贫困,但这种作用并不明显。结合不同森林资源丰裕区内经济增长方式的特点,可以预测,不同区域内经济增长对相对贫困的影响可能存在一定差异,但整体来看,经济增长是缓解相对贫困的重要措施。其次,模型结果显示收入分配差距每上升一个百分点,区域相对贫困则会上升7.054个百分点,并通过了1%的显著性水平检验,这说明收入分配是加重区域相对贫困的主要传导途径。而在考虑经济增长及收入分配的情况下,森林资源丰裕度对相对贫困的直接作用并不显著,但从其系数符号来看,区域森林资

源丰裕度与相对贫困正相关,这也与森林资源丰裕区相对贫困更严重的现状相吻合。由于经济增长模型及收入分配模型中各解释变量的影响意义在前面章节中已有说明,此处不再赘述,本节主要目的在于利用联立方程的分析结果,对区域相对贫困的传导路径进行分析和说明,如图 7-1 所示。

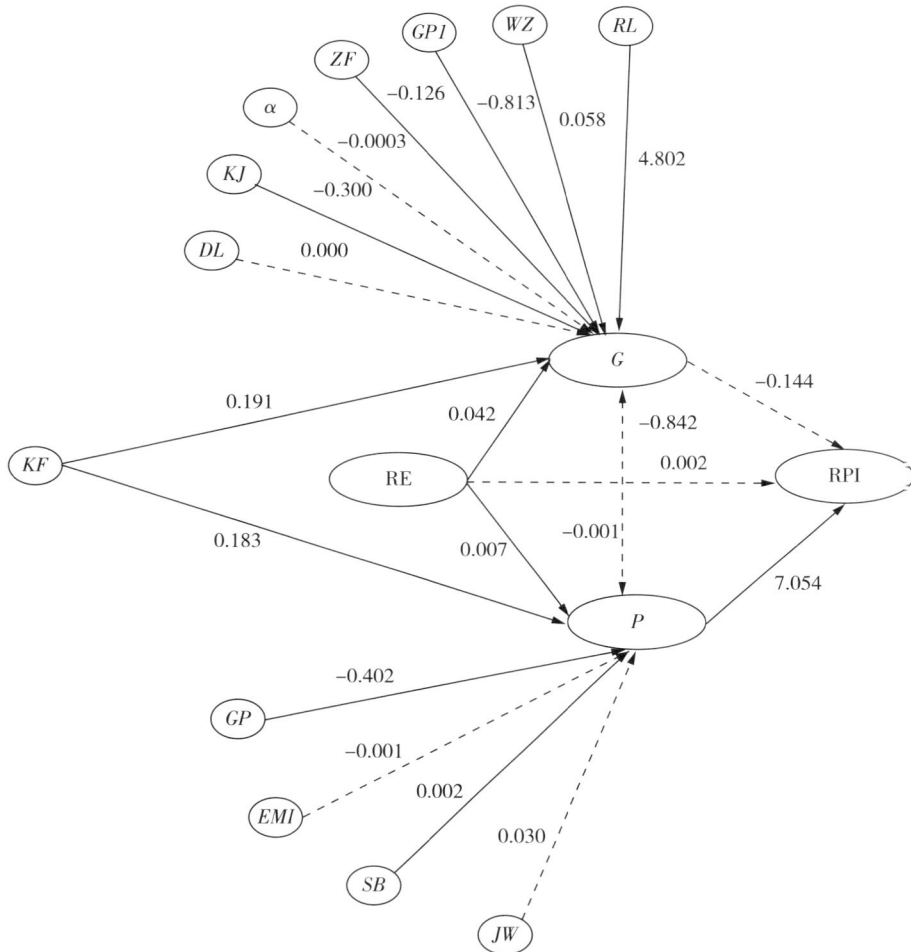

图 7-1　整体样本相对贫困的传导路径

图 7-1 中列出了各影响因素在区域相对贫困发生的过程中所起的作用,图中圆内表示的是各个变量,箭头表示两个变量之间的传递关系,实线表示变量之间的关系至少在 10% 的显著性水平下相关,虚线表示二者存在一定关系,但并未通过显著性检验;数字是变量之间的影响程度。

从图 7-1 中可以看出,如物质资本、人力资本等变量主要通过对区域经济增长变量的影响,进而负向作用于相对贫困;而区域经济存量、财政支出变量等主要作用于收入分配,来加大区域相对贫困;也有变量如对外开放及区域森林资源丰裕度,对区域收入分配及经济增长均存在影响,通过涓滴效应和极化效应的中和,产生对相对贫困的最终影响。

为了弄清各影响因素在相对贫困形成过程中所起的作用,我们对各变量的影响程度进行了测算。这一过程主要借鉴了资源诅咒研究论文中对传导机制因素的传导程度的估计(邵帅,2008;刘红梅,2009)。

表 7-2 各变量对相对贫困传导机制

变量		经济增长的直接影响	经济增长的间接影响	经济增长综合影响	收入分配的直接影响	收入分配的间接影响	收入分配的综合影响	变量综合影响	相对贫困的解释程度
正向拉大相对贫困	RE	−0.0060	−0.0003	−0.0063	0.0494	0.0008	0.0502	0.0439	1.84%
	GP1	0.1171	0.0057	0.1228	0.0000	0.0000	0.0000	0.1228	5.14%
	KJ	0.0432	0.0021	0.0453	0.0000	0.0000	0.0000	0.0453	1.90%
	CX	0.000043	0.000002	0.000045	0.000000	0.000000	0.000000	0.000045	0.0019%
	ZF	0.0181	0.0009	0.0190	0.0000	0.0000	0.0000	0.0190	0.80%
	KF	−0.0275	−0.0013	−0.0289	1.2909	0.0222	1.3131	1.2842	53.72%
	SB	0.0000	0.0000	0.0000	0.6490	0.0112	0.6601	0.6601	27.61%
	JW	0.0000	0.0000	0.0000	0.2116	0.0036	0.2153	0.2153	9.00%
负向缓解相对贫困	WZ	−0.0084	−0.0004	−0.0088	0.0000	0.0000	0.0000	−0.0088	0.24%
	RL	−0.6915	−0.0339	−0.7253	0.0000	0.0000	0.0000	−0.7253	20.00%
	DL	−0.0013	−0.0001	−0.0014	0.0000	0.0000	0.0000	−0.0014	0.04%
	GP	0.0000	0.0000	0.0000	−2.8357	−0.0487	−2.8844	−2.8844	79.52%
	EMI	0.0000	0.0000	0.0000	−0.0071	−0.0001	−0.0072	−0.0072	0.20%

表 7-2 列出了各变量通过经济增长及收入分配两种传导途径而对相对贫困产生的综合影响。其中经济增长对相对贫困的影响可以从两个层面进行解读,其一为经济增长对相对贫困的直接作用,如表中第二列,为联立方程组中各变量对经济增长的影响系数;其二为经济增长的间接作用,这种作用首先通过影响收入分配,进而表现为对相对贫困的影响,如表中第三列,为联立方程组中各变量对经济增长的影响系数与经济增长对收入分配以及收入分配对相对贫困影响系数三者的乘积;我们用经济增长的直接作用及间接作用之和表示经济增长对相对贫困的综合作用,如表中第四列所示。利用相同的方法我们对各变量通过收入分配的直接作用、间接作用以及综合作用进行了测算。如表中第五、六、七列所示;第八列是各个变量对相对贫困的综合影响是各变量经济增长综合作用及收入分配综合作用的加和;表中最后一列利用各变量的综合作用的标准化,对影响相对贫困的各变量的解释力度进行了测度。

7.2.2 加重区域相对贫困传导机制分析

(1)对外开放是区域相对贫困的主导原因

从表 7-2 中可以看出,对外开放是造成区域相对贫困的主要原因,可以在 53.72%

的程度上解释区域相对贫困。具体来看,对外开放是区域经济发展的双刃剑,一方面对外开放可以通过促进经济增长,从而带来区域相对贫困程度的下降;另一方面,对外开放又可直接拉大区域收入分配程度,从而加大区域相对贫困。综合两种影响来看,对外开放对区域收入分配差距的影响程度更大,从而在整体上体现为加大了区域相对贫困。

（2）财政支出的无效会加大区域相对贫困

表7-2结果显示,用来衡量财政支出结构的两个指标社会保障支出比例及教育卫生支出比例也是造成区域相对贫困的原因。尽管这一指标并不显著,但从其影响程度来看,财政支出结构大约可以解释区域相对贫困的36.61%,这说明区域财政支出结构对相对贫困的影响是巨大的。理论上,社会保障及教育卫生的支出是更有利于贫困群体的财政支出结构,然而从其对收入分配以及相对贫困的综合影响来看,区域财政支出结构并不具效率,并不能改善区域相对贫困状况,反而因其在贫困目标群体的瞄准上存在误差,在一定程度上拉大了区域相对贫困。

（3）科技因素、储蓄率、政府干预等因其对经济增长的阻碍而加大了区域相对贫困

科技因素并未在长期的经济发展中对经济增长起到促进作用,造成这种现象的原因可能是我国科技创新投入效率低下,且存在人力财力浪费现象,同时科技创新与实际生产力结合不足,难以促进区域经济发展（邵帅,2008）;不仅如此,科技创新的低效率反而拉大了区域相对贫困状况。储蓄率加大了区域间相对贫困程度说明金融资产并不能有效地为贫困群体所利用,金融市场对贫困群体的排斥加重了相对贫困。政府对区域干预能力会降低区域经济发展率,这种非市场的干预加大了区域的相对贫困。

（4）森林资源丰裕度会显著降低区域经济发展率,并能加大区域收入分配,最终加重了区域相对贫困

在控制各经济发展变量以及收入分配变量的情况下,森林资源丰裕度不仅能显著降低区域经济发展率,还会显著影响区域的收入分配。从前面分析中可知,与其他产业相比,林业产业并不具有区域竞争优势,难以有效提升区域经济发展,另一方面过多资源在林业产业的配置,尤其是整体劳动时间在林业产业的配置,会进一步拉大区域收入分配差距,从而最终加重区域相对贫困。

7.2.3　缓解区域相对贫困传导机制分析

（1）区域经济存量可以在很大程度上解释区域相对贫困

从相对贫困的传导路径中可以看出,区域经济存量与区域相对贫困之间存在显著的相关关系。一般情况下,区域经济存量越低,区域相对贫困状况越严重,这种状况说明了我国具有相对贫困与绝对贫困并存的现象;经济体越发达,相对贫困状况相对微弱,而整体经济存量越不发达,相对贫困则体现得更为明显。尽管如此,区域经济存量并不能作为缓解相对贫困的主要措施,因为经济存量是区域经济发展累积的结果,是常年经济收入流量的沉淀,在短时期内,各区域经济存量的格局难以发生大的改变,这也说明了我国相对贫困存在的持久性特征,在整体经济存量难以增加的情况下,相对贫困会长期存在。

（2）人力资本是缓解区域相对贫困的主要措施

从检验结果来看，人力资本的差异可以对区域相对贫困做出 20％左右的解释。区域人力资本通过直接作用于经济增长，从而可以缓解区域相对贫困。具体来看，区域人力资本的提升可以提高区域居民获取收入的能力，通过增加居民劳动技能，改善区域劳动力在不同产业间的时间配置，从而缓解区域相对贫困；同时，劳动能力的提升也可以增加区域劳动力应对就业风险的压力，缩短劳动力就业方式转变所需的时间和成本，从而减少不必要的浪费。因此，提升区域人力资本存量是通过转变经济增长方式而最终缓解区域相对贫困的重要措施。结合不同森林资源丰裕区要素配置及相对贫困现状可知，在1986－2012 年间，森林资源丰裕区的人力资本存量始终小于森林资源不丰裕区，说明二者之间依靠人力资本缓解相对贫困的能力是存在巨大差异的，这也是森林资源丰裕区内相对贫困更为严重的原因。

（3）物质资本的投入及道路密度对区域相对贫困的缓解作用并不明显

整体来看，物质资本的投入可以通过增加区域经济增长率，而在一定程度上缓解区域相对贫困，但是并不如人力资本那么明显，说明依赖物质资本进行的经济发展方式是低效率的。尽管加大物质资本的投入可以起到缓解相对贫困的作用，但是，其缓解作用有限。结合现实中不同森林资源丰裕区物质资本的投入差异可以看出，在 1998 年之后，森林资源丰裕区的物质资本投入均大于森林资源不丰裕区的投入，这种经济增长方式对缓解森林资源丰裕区相对贫困并未起到明显作用。区域道路密度对区域经济增长直接相关，但是其并未起到预期中显著促进作用，从前文分析中可知，在 1986－1998 年间，道路密度甚至会负向作用于经济增长，这种作用主要受制于我国巨额交通成本的存在，以及在道路设施建设过程中的资金浪费，使得交通的优势难以转化为区域经济成本优势。尽管从整体上看，道路密度越大区域相对贫困越小，但是这种关系并不明显，在不改善交通管理措施的情况下，道路密度难以起到缓解区域相对贫困的作用。

（4）就业结构升级的红利正在缩小

区域就业结构的改变可以改善区域收入分配状况，从而缩小区域相对贫困状况，然而这种就业结构的红利正在缩小。从前文的验证中可以知道，在 1986－1998 年间，我国整体上产业就业指数每升高 1％，也即区域二、三产业就业人数与第一产业人数的比例每增加 1％，区域收入分配差距将缩小 0.003％，并在 10％的水平下显著。而在 1999－2012年间，产业结构调整每提升 1％，区域收入差距将扩大 0.001％，这种转变说明了利用产业结构转变缓解相对贫困的作用已经不明显，而同一产业内部的收入差距逐渐成为现阶段相对贫困的重要原因，如何改善产业内收入分配，是缓解区域相对贫困的重点。

7.3 不同森林资源丰裕区相对贫困路径差异分析

从前面章节的分析中，我们知道不同森林资源丰裕区内相对贫困的表现不同，森林资源丰裕度高的区域，其相对贫困发生广度、深度及综合指数都要显著高于森林资源不丰裕区；而从两者经济发展及收入分配的影响因素分析中可以看出，各因素在不同森林资源丰裕区内其作用方向及作用程度是有区别的,这种差别通过经济增长及收入分配的传导而产生不同的区域相对贫困影响,本节对这种差别进行了说明和分析。

7.3.1　不同森林资源丰裕区相对贫困传导路径分析(1986—2012)

表7-3展示了不同森林资源丰裕区的三阶段最小二乘法的检验结果,从拟合状况来看,尽管联立方程组中R^2并不高,但是模型整体的卡方值均在1%的水平上通过了检验,说明模型具有统计学意义,可以用来进行分析。与前面章节单一方程的分析相比,联立方程中各子方程变量的检验结果在变量系数大小存在微小的变化,各变量对经济增长及收入分配的影响方向均与之前相一致,这也在一定程度上说明了联立方程组结果的稳健性。

表7-3　不同森林资源丰裕区三阶段最小二乘法检验结果

变量	森林资源不丰裕区			森林资源丰裕区		
	RPI	G	P	RPI	G	P
G	−0.281		0.082	−0.480		0.003
P	8.600***	0.832		7.488***	−3.158***	
RE	−0.299	0.226***	−0.037	0.064	0.053***	0.015***
$GP1$		−0.885***			−1.146***	
WZ		0.008			0.009	
RL		2.549**			0.089	
kj		−0.329			−0.067	
CX		−0.0007			0.028	
ZF		−0.075			−0.097	
KF		0.279*	0.223		0.039	0.019
DL		−0.008			0.001	
GP			0.463***			−0.695***
EMI			0.0002			−0.004
SB			−0.0004			0.010
JW			0.097			−0.026
R^2	0.64	0.65	0.14	0.61	0.18	0.43
chi^2	84.99***	374.44***	72.97***	115.19***	183.54***	203.46***

从不同森林资源丰裕区检验结果的对比中可以发现,经济增长与收入分配之间的关系差异是两者之间最大的不同。在森林资源不丰裕区内,收入分配的差异可以在一定程度上促进区域经济的发展,尽管二者并不显著;然而,这种关系在森林资源丰裕区之间表现为负相关,说明在森林资源丰裕区内收入分配的差异阻碍了区域经济发展。而经济增

长对收入分配在两者之间均呈现正相关关系,经济增长拉大了区域收入分配差距。这种现象在一定程度上说明了不同森林资源丰裕区经济增长方式的差别:森林资源不丰裕区经济增长与收入分配之间呈现正向促进作用,而森林资源丰裕区经济增长与收入分配则陷入了恶性循环,难以实现持续的区域经济发展。

除此之外,在考虑了经济发展与收入分配之间的相互影响之后,不同森林资源丰裕区内的收入分配的影响因素出现了一定程度的变化。其中较为明显的变化是森林资源不丰裕区内 GP 与 EMI 两个变量对收入分配的影响。在不考虑经济发展与收入分配的内生性的情况下,森林资源不丰裕区的经济存量 GP 及就业结构指数 EMI 对区域收入分配负相关;而在考虑内生性的情况下,二者呈现了一定程度的正向关系,并且 GP 变量通过了显著性检验。这种变化与森林资源不丰裕区的现状相吻合,森林资源不丰裕区经济相对发达,在单一发达区域经济体内,经济存量越高收入分配差距越大。EMI 的正向调整并不能缩小收入分配差距,也在一定程度上验证了产业结构的改善福利在森林资源不丰裕区内已经消失,产业内收入差距是区域收入分配的重要原因。

7.3.2　不同森林资源丰裕区相对贫困传导机制对比分析

表 7-4 及表 7-5 分别对森林资源不丰裕区及森林资源丰裕区的相对贫困传导机制进行了说明。从结果可以看出,在相对贫困的正向拉大机制及负向缓解机制上,不同森林资源丰裕区之间具有明显的差异。

表 7-4　森林资源不丰裕区各变量传导机制

变量		经济增长的直接影响	经济增长的间接影响	经济增长综合影响	收入分配的直接影响	收入分配的间接影响	收入分配的综合影响	变量综合影响	相对贫困的解释程度
正向拉大相对贫困	WZ	-0.0022	0.0056	0.0034	0.0000	0.0000	0.0000	0.0034	0.04%
	RL	-0.7163	1.7976	1.0813	0.0000	0.0000	0.0000	1.0813	13.31%
	KF	-0.0784	0.1968	0.1184	1.9178	0.0521	1.9699	2.0883	25.71%
	GP	0.0000	0.0000	0.0000	3.9818	0.1082	4.0900	4.0900	50.36%
	EMI	0.0000	0.0000	0.0000	0.0017	0.0000	0.0018	0.0018	0.02%
	JW	0.0000	0.0000	0.0000	0.8342	0.0227	0.8569	0.8569	10.55%
负向缓解相对贫困	RE	-0.0635	0.1594	0.0959	-0.3182	-0.0087	-0.3269	-0.5300	48.89%
	$GP1$	0.2487	-0.6241	-0.3754	0.0000	0.0000	0.0000	-0.3754	34.63%
	kj	0.0924	-0.2320	-0.1396	0.0000	0.0000	0.0000	-0.1396	12.87%
	CX	0.0002	-0.0005	-0.0003	0.0000	0.0000	0.0000	-0.0003	0.03%
	ZF	0.0211	-0.0529	-0.0318	0.0000	0.0000	0.0000	-0.0318	2.93%
	DL	0.0022	-0.0056	-0.0034	0.0000	0.0000	0.0000	-0.0034	0.31%
	SB	0.0000	0.0000	0.0000	-0.0034	-0.0001	-0.0035	-0.0035	0.33%

表 7-5　森林资源丰裕区各变量传导机制

变量		经济增长的直接影响	经济增长的间接影响	经济增长综合影响	收入分配的直接影响	收入分配的间接影响	收入分配的综合影响	变量综合影响	相对贫困的解释程度
正向拉大相对贫困	RE	−0.0025	0.0012	0.0626	0.1123	0.0227	0.1351	0.1977	40.24%
	GP1	0.0550	−0.0257	0.0293	0.0000	0.0000	0.0000	0.0293	5.96%
	kj	0.0032	−0.0015	0.0017	0.0000	0.0000	0.0000	0.0017	0.35%
	KF	−0.0019	0.0009	−0.0010	0.1423	0.0288	0.1711	0.1701	34.62%
	SB	0.0000	0.0000	0.0000	0.0749	0.0152	0.0900	0.0900	18.33%
	ZF	0.0047	−0.0022	0.0025	0.0000	0.0000	0.0000	0.0025	0.50%
负向缓解相对贫困	JW	0.0000	0.0000	0.0000	−0.1947	−0.0394	−0.2341	−0.2341	3.58%
	WZ	−0.0004	0.0002	−0.0002	0.0000	0.0000	0.0000	−0.0002	0.00%
	RL	−0.0043	0.0020	−0.0023	0.0000	0.0000	0.0000	−0.0023	0.03%
	CX	−0.0013	0.0006	−0.0007	0.0000	0.0000	0.0000	−0.0007	0.01%
	DL	−0.00005	0.00002	−0.00003	0.00000	0.00000	0.00000	−0.00003	0.00%
	GP	0.0000	0.0000	0.0000	−5.2042	−1.0535	−6.2577	−6.2577	95.81%
	EMI	0.0000	0.0000	0.0000	−0.0300	−0.0061	−0.0360	−0.0360	0.55%

（1）区域经济存量对不同森林资源丰裕区相对贫困的影响作用迥异

在森林资源不丰裕区内,当期经济存量可以对区域相对贫困进行 50%的解释,说明在森林资源不丰裕区内,经济存量越高相对贫困越严重;不仅如此,检验结果显示,该区域经济发展速度与相对贫困正相关,说明森林资源不丰裕区的经济发展并非亲贫式的增长,经济增长没有实现涓滴效应,反而加大了贫困群体和非贫困群体之间的收入差距。而在森林资源丰裕区,这种作用刚好相反。区域经济存量的增加可以显著改善区域相对贫困状况,对区域相对贫困的缓解程度非常大,这也客观说明了森林资源丰裕区内相对贫困与绝对贫困共存的现象。对比不同森林资源丰裕区相对贫困与区域经济存量可以发现,相对贫困状况在不同森林资源丰裕区呈现两种俱乐部似的分布。在经济发展较为落后、经济存量较低的森林资源丰裕区,相对贫困与绝对贫困共存;而在经济发展相对发达、经济存量较高的森林资源不丰裕区,相对贫困更多出现在经济发展更快、区域经济存量更发达的地区。

滞后的经济存量与当期经济存量对相对贫困的影响作用正好相反,结合滞后的经济存量对经济增长率的影响可以发现,二者呈现负的相关关系。说明在考虑到经济增长、收入分配之间的内生关系的情况下,区域经济发展可能存在一定的条件收敛,但是这种作用在单一经济发展的验证中并未发现,针对区域经济是否存在收敛的现象众多学者也都得出了不同的结论。目前在学术界并没有定论,这种结果也说明经济增长的收敛作用并不稳定,还需要进一步的研究。

（2）传统经济增长因素对相对贫困的影响截然不同

在不同森林资源丰裕区内,传统经济增长因素对相对贫困的影响是不同的。如在森林资源不丰裕区内,人力资本、物资资本等因素对区域相对贫困能起到正向拉动作用,而在森林资源丰裕区能却能在一定程度上缓解相对贫困。这种差异化的影响主要来自经济增长对相对贫困的间接作用。在森林资源不丰裕区,经济增长对相对贫困的直接缓解作用小于其通过影响收入分配而对相对贫困的间接拉大作用。综合两种作用来看,经济增长反而恶化了森林资源不丰裕区相对贫困;而在森林资源丰裕区内,区域经济增长通过加大收入分配差距进而带来区域相对贫困的影响作用则小于经济增长的直接效应,整体上可以起到缓解区域相对贫困的作用。从传统经济变量的缓解程度上来看,物质资本及人力资本二者的共同作用不足 1%,并未真正有效起到缓解相对贫困的作用。综合分析可知,森林资源不丰裕区内,经济增长对收入分配差距的加大作用恶化了区域相对贫困,尽管森林资源丰裕区经济增长可以缓解相对贫困,但整体效果较弱。

（3）对外开放对森林资源丰裕区相对贫困影响作用更大

在不同的森林资源丰裕区内,对外开放都是拉大区域相对贫困的重要因素,但是其影响程度并不相同。从检验结果来看,在森林资源不丰裕区内,对外开放对相对贫困的解释程度约为 25.7%,而在森林资源丰裕区内,这一影响的解释程度可达 34.6%;对外开放对森林资源丰裕区相对贫困的拉大作用更强。进一步分析对外开放对不同区域经济增长及收入分配的影响可知,在森林资源丰裕区内,对外开放可以通过提升经济增长来缓解区域相对贫困。但是其对收入分配的影响程度更为严重,如何改善对外开放对区域收入分配不平等的影响是降低森林资源丰裕区相对贫困的重要措施。

（4）就业结构的调整对区域相对贫困的影响作用有限

检验结果显示,就业结构调整主要通过收入分配途径来影响区域相对贫困,不同森林资源丰裕区内就业结构的调整对相对贫困的影响程度有限,并且影响方向存在差异。在森林资源不丰裕区内,就业结构的调整难以缓解区域相对贫困,并在一定程度上拉大了区域相对贫困程度,但这种作用程度十分有限,仅在 0.02% 的程度上解释了相对贫困。而在森林资源丰裕区,就业结构调整可以改善区域相对贫困,但是影响作用也微乎其微,仅在 0.55% 的程度上缓解了区域相对贫困。结合就业结构调整对收入分配的影响可知,在森林资源不丰裕区内,相对贫困难以通过就业结构的调整进行缓解,产业内的收入不平等已经成为区域收入分配差异的重要因素,产业结构的升级并不能改善区域相对贫困;然而在森林资源丰裕区,产业结构升级带来的就业结构调整依然可以缓解相对贫困,说明产业间的收入不平等仍然是区域收入分配差异的重要因素,进行区域产业结构升级可以在一定程度上缓解相对贫困,但是其作用并不明显。

（5）财政支出结构对不同区域相对贫困影响不同

从检验结果来看,在不同森林资源丰裕区内,不同的财政支出结构对相对贫困的影响方向和程度有显著的差异。在森林资源不丰裕区内,教育卫生所占财政支出比例与区域相对贫困呈正相关关系,教育卫生的支出拉大了森林资源不丰裕区的收入分配差距,进而加剧了区域相对贫困,并可以在 10% 的程度上对相对贫困进行解释;与之相反,社会保障的支出可以在一定程度上缓解森林资源不丰裕区的相对贫困,但是效果并不明显。

不同于森林资源不丰裕区,在森林资源丰裕区内,教育卫生支出可以缓解相对贫困,但其作用程度只有 3.58%;而区域社会保障支出却未能起到缓解相对贫困的作用,反而会加重区域相对贫困,这种拉大作用可以对区域相对贫困进行 18.33% 的解释;这种现象说明,我国各区域财政支出结构并不能有效起到缓解相对贫困的作用。在森林资源不丰裕区,应该重点调整教育卫生支出的针对人群,改善低收入群体的受教育机会,从而增加低收入群体的就业能力,减少不同群体间的收入分配;而在社会保障支出上应提升其应用效率,进而缓解相对贫困。在森林资源丰裕区,社会保障支出并未起到应有的作用,说明该区域内社会保障支出有所偏差,社会保障资金存在被绑架,浪费的现象,反而加重区域相对贫困。教育卫生方面的支出可以缓解相对贫困,但是还不明显,应继续加强这方面的支出,提升教育卫生支出效率,进而更大程度上降低区域相对贫困。

(6)储蓄率对相对贫困的缓解作用在森林资源不丰裕区内更大,但作用仍然有限

在不同森林资源丰裕区内,储蓄率都能起到缓解区域相对贫困的作用,但这种缓解作用十分有限,相比较而言,储蓄率对森林资源不丰裕区的影响程度更大。尽管储蓄率在不同森林资源丰裕区内都可缓解区域相对贫困,但是其传导路径并不一致,在森林资源不丰裕区内,储蓄率会通过降低区域经济增长,带来相对贫困的上升,但是其对收入分配的影响程度更大,收入不平等的缓解带来了更大范围区域相对贫困的下降;而在森林资源丰裕区内,储蓄率对经济增长有促进作用,尽管可能会加大区域收入分配不平等程度,但是经济增长的正向作用最终会降低区域相对贫困。

(7)森林资源丰裕区内政府干预行为对相对贫困的缓解作用不大

在森林资源不丰裕内,政府对区域经济发展的干预能力可以缓解区域相对贫困,统计结果显示,这一指标可对区域相对贫困进行 2.93% 的解释,而森林资源丰裕区内政府干预能力却难以缩小区域相对贫困。具体来看,政府干预在不同区域内对相对贫困的传导机制也存在差异。在森林资源不丰裕区内,政府干预能力与区域经济发展速度负相关,政府干预能力越强,区域经济发展速度越慢。与此同时,政府干预能力也可大幅度降低区域收入不平等程度,最终体现为区域相对贫困程度的下降。而在森林资源丰裕区内,政府干预行为对区域经济增长的直接作用更大,尽管能在一定程度上降低区域收入分配,但是更大程度上减缓了区域经济增长,进而难以降低区域相对贫困。

(8)交通设施的改善可以缓解相对贫困

在不同森林资源丰裕区内,交通设施的改善都可以起到缓解相对贫困的作用。在森林资源不丰裕区内,以道路密度衡量的交通设施的改善并非对经济发展有利,反而因其存在交通成本及建设资金浪费等原因影响了区域经济的增速,但交通设施的改善,客观上加速了区域内要素的流动和信息的传递,使得低收入群体可以在更为广泛的区域内选择就业机会,这种优势可以缓解区域内的收入不平等状况,进而可以降低区域相对贫困。而在森林资源丰裕区内,交通设施的改善可以促进经济的增长,说明对森林资源丰裕区交通的改善是带动区域经济发展的重要动力,然而这种改善并未起到降低区域收入不平等的作用,其一方面的原因可能是森林资源丰裕区因其自身就业机会有限,低收入群体并不能获得更多就业机会,使其难以缓解收入分配差距;另一方面,因为丰裕森林资源的存在,低收入群体并未有效利用交通的改善来寻求更合理的就业机会。尽管如此,交通

设施的改善还是可以通过对经济增长的带动来缓解区域相对贫困。加强区域内交通设施的改善,尤其是在森林资源丰裕区内部,可以在一定程度上缓解区域相对贫困。

(9)森林资源丰裕度是森林资源丰裕区相对贫困的重要原因

在不同森林资源丰裕区内,森林资源丰裕度在对相对贫困的影响中都扮演着重要角色。从各区域相对贫困的传导机制中可以看出,在森林资源丰裕区内,森林资源丰裕度对相对贫困的解释程度可达40%以上,而在森林资源不丰裕区,森林资源对相对贫困的缓解更是起到了重要的作用。从其传导路径中可以看出,在森林资源丰裕区内,森林资源丰裕度主要通过拉大区域内收入分配差距,进而加重区域相对贫困程度;而在森林资源不丰裕区内,森林资源丰裕度则主要体现为对收入分配的缓解,进而缩小区域相对贫困。这种差异主要是由于森林资源在不同区域扮演角色不同造成的。

由于不同区域内森林资源丰裕程度的不同,森林资源在比较优势也存在差异,这种差别造成了森林资源丰裕度在不同区域经济发展中所扮演的角色并不相同。利用林业系统从业人数占区域总就业人数的比例来衡量区域森林资源依赖度可以发现,在森林资源丰裕区1999—2012年间的经济发展中,森林资源的依赖约为2.295%,远远大于森林资源不丰裕区的0.454%,森林资源丰裕区的森林资源依赖使得区域劳动力配置更多的偏向于林业产业。然而相对于其他产业,林业产业的比较收益较低,与其他产业之间收入差异较大,其发展并不具有竞争优势。在这种情况下,区域发展反而会因对林业产业的"路径依赖"而陷入森林资源的比较优势陷阱,使得区域内收入分配差距加大,从而产生更严重的相对贫困。

在森林资源不丰裕区,森林资源并不具备比较优势,区域经济发展过程中森林资源也不是主要依赖的生产要素。在这一背景下,森林资源更多起到了改善区域生态环境,提升区域公共设施服务水平的作用。自1998年之后,国家陆续实施了六大林业重点工程,在全国范围内进行生态环境的修复,森林资源不丰裕区内森林资源的丰裕程度直接与国家生态建设费用相关,而这种费用更偏向于在区域内低收入群体间进行分配,可以在一定程度上改善区域整体分配状况。不少学者研究也发现林业重点工程不仅起到了改善环境的作用外,还在一定程度上起到了扶贫效果(刘璨,2006);不仅如此,生态修复在森林资源不丰裕区内的实施,也为区域内低收入群体提供了大量的就业机会,进一步缩小区域内收入分配差距,进而降低了区域相对贫困状况。

7.4　本章小结

本章在考虑区域经济增长及收入分配相互影响的情况下,将相对贫困模型、经济增长模型以及收入分配模型进行了联立,利用三阶段最小二乘法对区域相对贫困的传导路径进行了估计,并对经济增长因素以及收入分配因素对区域行对贫困的解释程度进行了说明,在此基础上,又对不同森林资源丰裕区相对贫困的传导路径进行了差异性分析。

从我国整体来看,在1986—2012年间,对外开放是区域相对贫困形成的重要原因,能对53.72%的相对贫困进行解释;而区域财政支出无效、政府干预行为等也在一定程度上加大了区域相对贫困。从缓解相对贫困的各影响因素来看,人力资本因素是解决相对贫困的重要因素,尽管物质资本、道路交通等也可以缓解相对贫困,但是其作用有限。检验结果还显示,就业结构升级的红利也正在减少,说明产业内的收入不平等日趋严重,单纯进行产业间劳动力调整难以有效缓解区域相对贫困。

具体分析不同森林资源丰裕区在 1986－2012 年间的相对贫困传导机制可知,二者之间存在显著的差异,主要表现在:(1)区域经济存量对不同森林资源丰裕区相对贫困的影响作用迥异;(2)传统经济增长因素对相对贫困的影响截然不同;(3)对外开放对森林资源丰裕区相对贫困影响作用更大;(4)就业结构的调整对区域相对贫困的影响作用有限;(5)财政支出结构对不同区域相对贫困影响不同;(6)储蓄率对相对贫困的缓解作用在森林资源不丰裕区内更大,但作用仍然有限;(7)森林资源丰裕区内政府干预行为对相对贫困的缓解作用不大;(8)交通设施的改善可以缓解相对贫困;(9)森林资源丰裕度是森林资源丰裕区相对贫困的重要原因。从各影响因素对不同区域的影响可以看出,对外开放的差异以及森林资源丰裕度的影响差异是造成森林资源丰裕区相对贫困更为严重的主要原因。

第八章 研究结论及政策建议

本书首先对各区域森林资源丰裕度及相对贫困进行了测度,并对其特征进行了说明;其次,对相对贫困形成的两个路径,区域经济增长以及区域收入分配的影响因素进行了分析;最后将经济增长及收入分配进行结合,利用联立方程的方法对相对贫困的传导机制进行了梳理。本章将全面总结本书的研究结论,并提出缓解不同森林资源丰裕区相对贫困的政策建议,并结合已有研究指出本研究的研究局限及未来研究方向。

8.1 文章主要研究结论

(1)不同森林资源丰裕区森林资源丰裕状况存在明显差异

第三章利用森林资源丰裕度指数对各地区森林资源丰裕程度进行了测度,并按其丰裕程度的大小进行了森林资源丰裕区、森林资源不丰裕区的划分。结果显示,我国整体森林资源丰裕度指数为 7.102,森林资源丰裕区这一指数约为 13.359,是整体均值的1.88 倍;而森林资源不丰裕区该指数为 1.983,是整体均值的 27.92%,仅为森林资源丰裕区的 14.84%;说明我国区域间森林资源丰裕程度具有很大差别。

从区域森林资源变化趋势来看,森林资源丰裕度在不同区域内的变动存在显著差异。结合各区域森林资源丰裕度的时间变动曲线都可以看出,在森林资源丰裕区内,森林资源丰裕度基本上呈现了先下降后上升的趋势,拐点基本可以确定在 1998 年左右;而在森林资源不丰裕区内,森林资源丰裕度则呈现逐年上升的趋势。不仅如此,不同区域森林资源丰裕度均值计算的变异系数显示,森林资源不丰裕区森林资源变异系数约为0.173;而森林资源丰裕区这一数值约为 0.065,远低于森林资源不丰裕区,这一结果说明,森林资源丰裕区内森林资源存量相对稳定,其变动程度相对较小,应对风险能力较强,受外来影响较小。

(2)森林资源丰裕区相对贫困比森林资源不丰裕区更为严重

我国各区域相对贫困存在很大差别,以相对贫困综合指数 rpi 均值衡量的区域相对贫困大小显示,贵州省是我国相对贫困最为严重的区域,rpi 值为 2.1681,而北京市是相对贫困最小的地区,相对贫困综合指数 rpi 仅为 0.8412,是贵州省相对贫困的 38.8%;除个别省份外,区域相对贫困的发生广度及深度的变化与相对贫困综合指数相吻合。森林资源不丰裕区相对贫困综合指数为 1.2344,小于森林资源丰裕区的 1.5208,说明森林资源丰裕区相对贫困综合状况更为严重,相对贫困发生广度及深度也呈现出类似状况。区域相对贫困的变动程度显示,在相对贫困较轻和较严重区域,相对贫困相对稳定,具有一定持久性,而在其他区域内,相对贫困并不稳定。

从相对贫困的变动趋势来看,我国整体及各区域相对贫困均呈现波动上升的趋势,在整个研究时期内,期末相对贫困指数比期初提升了2倍以上。不同森林资源三裕区相对贫困变动趋势存在一定差异,其中,森林资源丰裕区相对贫困呈现先上升后下降的趋势,在2002年左右出现相对贫困峰值,相对贫困综合指数约为2.0794,而森林资源不丰裕区相对贫困则呈现逐年递增的趋势;从相对贫困指数大小来看,除个别年份外,森林资源丰裕区相对贫困状况始终大于森林资源不丰裕区。

进一步对森林资源丰裕度与区域相对贫困的相关关系进行统计观测,可以看出,在不考虑其他因素影响的情况下,无论是从区域空间结构还是从时间角度分析,森林资源丰裕度与相对贫困都呈现正向相关关系。这说明在一定程度上,森林资源可能会通过某种途径对区域相对贫困产生影响。

(3)不同森林资源丰裕区经济增长方式存在差异,要素配置对不同区域经济增长的影响也各不相同

森林资源丰裕区及森林资源不丰裕区在经济存量上有显著区别,森林资源三裕区的经济增长率也略小于森林资源不丰裕区。各经济增长要素如储蓄率、人力资本存量、物质资本、科技创新、政府干预以及对外开放程度等在不同森林资源丰裕区配置显示,不同区域经济增长因素的配置有着很大的差别。具体分析可知,森林资源不丰裕区的储蓄率为0.1073,变异系数为0.4432,均大于森林资源丰裕区,说明森林资源不丰裕区具有更强的储蓄能力,但是该区域内储蓄变动也更大。物质资本的投入差异中,森林资源丰裕区的投入为0.4240,大于森林资源不丰裕区的0.4063,说明森林资源丰裕区在经济发展的过程中投入了更多的物质资本;从其变异系数大小来看,森林资源丰裕区的物质资本变异系数更大,为0.4218,说明森林资源丰裕区内部各地区间物质资本的投入使用水平差异性更大。森林资源不丰裕区的人力资本水平平均值为0.016,要大于森林资源丰裕区0.0119,并且森林资源不丰裕区人力资本的变异程度也更小,说明森林资源不丰裕区人力资本的投资更为均衡。科技创新能力在森林资源丰裕区与森林资源不丰裕区之间差别不大,均为0.017左右,但是森林资源不丰裕区的科技创新水平在区域间变异程度要明显大于森林资源丰裕区。从政府的干预程度来看,森林资源丰裕区内政府的干预程度为0.7571,大于森林资源不丰裕区的0.7462,并且从相应变异系数可以看出,森林资源丰裕区内政府的干预变化程度要更小,说明在森林资源丰裕区内部政府对经济发展的干预更严重。森林资源不丰裕区对外开放程度为0.0362,显著大于森林资源三裕区的0.0189,并且变异程度也更小,说明森林资源丰裕区内经济发展相对封闭,与国际市场联系并不密切。利用道路密度衡量的各区域地理区位信息发现,森林资源不丰裕区道路密度为4.0664,远大于森林资源丰裕区,并且区域内部变异程度也更小,说明森林资源丰裕区道路交通状况与森林资源不丰裕区有一定的差别。

在考虑区域空间相关性的条件下,通过实证检验发现,区域间经济增长的主要动力源泉为人力资本变化量、区域初始经济存量以及对外开程度。在1986—2012年间,森林

资源丰裕区以及森林资源不丰裕区经济增长动力源泉相似,但作用程度并不一致;相比森林资源不丰裕区,森林资源以及储蓄率对森林资源丰裕区的经济增长产生了更大的作用,而人力资本的作用则相对不足;从1986—1998以及1999—2012年分段检验来看,各时期内,区域经济增长的最主要动力都是依赖人力资本的增长。

森林资源丰裕度对经济增长的影响并不稳定,在不同时期,不同区域内森林资源所发挥作用并不相同。具体来看,森林资源可以通过改善公共设施,提供就业岗位,吸引补贴等途径促进区域经济增长;而通过分段检验发现,在森林资源丰裕区1986—1998年间森林资源对经济有阻碍作用,产生了一定程度的资源诅咒,而1999年之后森林资源与经济增长之间呈正向相关关系。

(4)森林资源丰裕区内收入分配差距更大,对外开放是影响收入分配的主要因素,财政支出结构、产业结构调整等也起到一定拉大作用

通过对我国整体及不同森林资源丰裕区的收入分配状况进行分析,可以发现,在1986—2012年间,我国各区域收入分配均呈现逐年拉大的趋势,并已超过国际上0.4的警戒线水平;森林资源丰裕区的收入分配差距明显大于森林资源不丰裕区,无论从时间维度分析还是从空间层面测量,这一结果都显著存在,说明森林资源越丰裕的地区收入分配差距越大;进一步分析两个区域经济状况、财政支出结构、产业结构、对外开放等因素发现,二者之间存在一定的区别。

通过对收入分配的影响因素进行分析可知,在1986—2012年间,各区域收入分配的影响因素大致相同,但影响程度并不一致。在森林资源丰裕区内,无论是对收入分配有极化作用的对外开放,还是能在一定程度上弱化收入差距的区域经济存量,其对收入分配的弹性系数都要小于森林资源不丰裕区。除此之外,不同区域间森林资源丰裕度的显著差别,及其缓解区域收入分配差距的能力也是森林资源丰裕区存在更严重收入分配问题的原因。在不同的时期,不同森林资源丰裕区的收入分配影响因素有所变化。在1986—1998年间,森林资源丰裕区与森林资源不丰裕区内对外开放程度的差别非常小,对外开放在森林资源丰裕区更强的极化效应使得了森林资源丰裕区出现了更严重的收入分配不平等状况;除此之外,森林资源丰裕区内森林资源丰裕度的不利影响及财政支出结构的非有效等原因都加重了森林资源丰裕区的收入分配差距。在1999—2012年间,产业结构调整是森林资源丰裕区收入分配的主要影响因素,而该因素对两个区域不同的影响也造成了二者在这一时期的差别。

(5)不同森林资源丰裕区相对贫困的传导机制存在差异

从我国整体来看,在1986—2012年间,对外开放是加大区域相对贫困的重要原因,能在53.72%的程度上对相对贫困进行解释,区域财政支出无效、政府干预等也在一定程度上加大了区域相对贫困。从缓解相对贫困的各影响因素来看,人力资本因素是解决相对贫困的重要因素,尽管物质资本、道路交通等也可以缓解相对贫困,但是其作用有限;除此之外,就业结构升级的红利也正在减少,说明产业内的收入不平等日趋严重,单纯进行产业间劳动力调整难以有效缓解区域相对贫困。

具体分析可知,在1986—2012年间,不同森林资源丰裕区相对贫困的传导机制存在显著的差异,主要表现在以下几个方面:首先,在森林资源不丰裕区内,经济存量高的地

区相对贫困更为严重,而森林资源丰裕区则存在相对贫困与绝对贫困并存的现象。其次,经济增长要素的分析结果可从以下两个方面进行总结,一是在森林资源不丰裕区内,物质资本和人力资本对相对贫困具有正向拉大作用,相反,在森林资源丰裕区,二者则可以缓解相对贫困;二是除物质资本及人力资本以外的其他经济增长因素在不同森林资源丰裕区内,均能缓解相对贫困,但是其传导方向及最终作用程度并不相同:在森林资源丰裕区内,各要素主要通过经济增长对相对贫困的直接作用进行传导,最终产生降低相对贫困的作用,而在森林资源不丰裕区内,各要素主要通过经济增长的间接作用已即改善收入分配的途径来缓解相对贫困;从作用程度来看,各要素在森林资源丰裕区内所产生的缓解作用要小于森林资源不丰裕区。再次,收入分配要素分析结果可以表现在以下三个方面,一是对外开放是加大区域相对贫困的重要原因,且其在森林资源丰裕区的作用程度更大;二是倾向降低相对贫困的财政支出结构并未发挥应有效率,且在不同的森林资源丰裕区内,这种低效率的表现并不一致:在森林资源丰裕区内,这种低效率主要表现为社会保障支出的无效率,而在森林资源不丰裕区内则表现为教育卫生支出的不完善;三是产业结构调整在森林资源丰裕区内仍然可以发挥缓解相对贫困的作用,但是在森林资源不丰裕区内其缓解效用已不存在;最后,森林资源丰裕度在不同区域内扮演角色不同,对相对贫困的作用方向完全相反,在森林资源丰裕区内,森林资源丰裕度主要通过拉大区域内收入分配差距,进而加重区域相对贫困程度,并可对相对贫困做出 40% 以上的解释;而在森林资源不丰裕区内,森林资源丰裕度则主要体现为对收入分配的缓解,进而缩小区域相对贫困。

8.2　政策建议

前面章节的分析及实证结果显示,不同森林资源丰裕区要素配置对相对贫困的影响方式存在差异。整体来看,各要素主要是通过经济增长或收入分配的直接作用及间接作用,从而产生对相对贫困或正向拉大或负向缓解的影响。降低区域相对贫困可以通过改善要素配置对相对贫困的正向拉大作用,以及通过加强区域要素配置对相对贫困的负向缓解来实现。由于经济增长及收入分配的直接作用和间接作用在相对贫困的影响方向上存在差异,在改善区域相对贫困的过程中,首先,我们重点寻找可以促进经济增长,同时可以减少收入分配差距的区域要素禀赋,通过加强这些要素的配置来缓解区域相对贫困,实现区域经济增长及相对贫困改善的可持续发展;其次,对一些具有相对贫困加大作用的要素禀赋进行效用或效率的改善,以减轻其对相对贫困的正向极化作用。

8.2.1　区域相对贫困会降低社会福利水平

在制定缓解区域相对贫困措施之前,我们首先对相对贫困的整体社会影响进行简要分析,这种影响主要表现在以下几个方面:首先,社会中相对贫困群体往往受流动性约束的制约,自身投资资源不足,甚至缺少提升劳动力素质的必要资源,造成这一群体劳动生产率普遍较低,在人力资本对区域经济增长具有显著促进作用的情况下,因相对贫困而产生的低收入群体会降低经济增长速度。李永友(2007)在控制其他经济增长要素的情况下,实证检验了相对贫困与经济增长之间的关系,结果显示,相对贫困对区域经济增长率的弹性系数约为-0.07%,并且,其对经济增长的总量指标和分量指标都表现出了一定的负面效应。其次,长期的相对贫困会造成贫困群体的心理失衡,从而影响人们的行为选择,一般情况下,相对贫困水平越高,相对贫困者越能深切的体会到相对被剥夺感,因社会的分配不公而产生心理上的仇恨也越强烈,进而造成社会稳定性下降。不仅如此,区域整体也会将投入更多的资源用于维护稳定和保护产权,使得再生产的资源相对减少,最终会影响区域整体的福利水平。

8.2.2 森林资源丰裕区缓解相对贫困的主要措施

结合森林资源丰裕区要素禀赋对经济增长及收入分配的影响,并最终作用于相对贫困的传导路径,我们将缓解森林资源丰裕区相对贫困措施总结如下:

8.2.2.1 收入分配要素层面的调整

(1)增加财政结构中教育卫生的支出比例,提升社会保障支出的使用效率

在森林资源丰裕区内,有利于相对贫困者的财政支出并未有效地发挥自身的作用。从财政支出结构对区域相对贫困的影响中可以看出,教育卫生的支出可以降低相对贫困,增加这一层面的支出可以从两个方面提升相对贫困群体获取财富的能力:其一,教育投资的增加可以通过扩大教育覆盖范围来增加相对贫困群体参与教育的机会,这种改变一方面可以提升相对贫困者的劳动力技能,从而增加其财富收入;另一方面,长期教育的投入可以加强低收入群体信息获取能力,从而降低了劳动力转移的搜寻成本,增强了低收入群体的风险应对能力。其二,财政支出中的基本医疗服务支出,可以减少低收入群体的医疗消费支出,在一定程度上避免了因病返贫的现象,同时,医疗卫生的支出还可以改进低收入群体的健康水平,进而改进其收入的获取能力。

与教育卫生的支出相比,社会保障支出在森林资源丰裕区内是无效率的,并未起到减缓相对贫困的作用,甚至在一定程度上加大了相对贫困。提升社会保障支出的使用效率,森林资源丰裕区亟须从以下几个方面做出改变:首先,加强社会保障资金的监管力度,避免社会保障支出的挪用、浪费等现象;其次,构建社会保障资金的瞄准机制,通过增加实地考察,将这一部分支出切实分配给相对贫困群体;再次,实现社会保障支出的信息公开,减少社会保障资金的流通环节,实现财政与低收入群体电子化,信息化的对接进而降低社会保障资金的流通成本。

(2)积极调整区域内产业结构,弱化产业内收入分配差距

从整体时间来看,在森林资源丰裕区内,产业结构的升级和优化依然可以在一定程度上缓解区域相对贫困,但1999—2012年的检验结果显示,产业结构的调整对缓解相对贫困的作用正在减少,产业内的收入分配差距逐渐显现。升级区域产业结构即是加速劳动力从第一产业向二、三产业的流动,实现劳动力在产业间的重新配置,达到这一目标,

应从以下几个方面入手：首先，应积极引进和扶持区域内劳动密集程度高的企业，充分发挥其吸收低素质劳动力就业方面的作用（邵薇娜，2012）；其次，加强相对贫困者的就业培训力度，增加有劳动能力的贫困者的就业能力并提高其劳动生产率，以适应产业结构升级对劳动力知识水平和劳动技能的要求，避免结构性失业的产生（胡鞍钢，2010）。除此之外，森林资源丰裕区还要注意弱化产业内部的收入分配差异，健全与收入分配相关的法律和制度，主要可以采取如下措施：首先，加强产业内企业的监管，鼓励竞争，抑制产业内寡头企业的垄断利润，避免行业收入差距持续扩大；其次，应完善税收政策，确立以个人所得税为主，以财产税为辅，其他税种如交易所得税、存款利息税等为补充的个人收入税收体系，施行阶梯型税率，通过税收的调节实现区域财富的再分配，同时，要加大遗产税的征收力度，避免相对贫困在代际之间的传递。

（3）降低对外开放对收入分配的影响

对外开放会显著拉大森林资源丰裕区的收入分配差距，这种作用主要是因为外商直接投资对劳动力类型的选择所造成的（王少瑾，2007），这种选择会造成资本和技术密集型产品大量进入，在区域技术进步的速度和结构给定的情况下，区域极易产生技能偏向型的技术进步，这种技术进步要求更多的技能劳动和更少的非技能劳动，因而扩大区域间的收入差距；除此之外，外商投资更偏向于边际收益更高的二、三产业，直接影响产业间劳动力要素的收入差距。改善区域对外开放对收入分配的影响需采取以下措施：首先，正确引导外商投资在产业间的合理配置，利用降低税收等优惠政策，增加第一产业的边际收益，吸引外商投资向第一产业内倾斜；其次，缩短区域内知识产权的使用年限，加速外资企业的技术扩散，逐步将对外开放对劳动力技术的选择转化为对劳动力技术的培训。

8.2.2.2 经济增长要素层面的转变

（1）提升区域人力资本存量，实现更有效的区域经济增长

在森林资源丰裕区内，人力资本是区域经济增长的主要动力，并可以通过经济增长对相对贫困的直接作用缓解区域相对贫困，尽管人力资本通过经济增长的间接作用会拉大相对贫困，但整体来看，人力资本的正向外部效应更强，可以有效缓解区域相对贫困。与森林资源不丰裕区相比，森林资源丰裕区的人力资本存量相对较低，提升区域人力资本应从以下三个方面做起：首先，重视基础教育的发展，充分发挥基础教育造就人才和提升区域劳动力边际生产力奠基工程的作用，努力增加受教育的人数，特别是要普及小学教育，减少文盲、半文盲人口数量，增强对相对贫困家庭成员基础教育的帮扶程度，避免因贫退学的现象。其次，加快发展高等教育，发挥高级人力资本的作用，高等教育毕业生是教育链条下的最终产物，可以在短时间内转化为高素质生产力，实现人力资源向经济发展的快速连接；除了加大高等教育的投入力度，森林资源丰裕区内应设立专门的人才奖励基金，鼓励高级人才参与森林资源丰裕区的建设和发展。再次，增加区域职业教育和技术培训力度，职业教育和技术培训具有时间短、成效快的特点，技能培训可快速提升劳动生产力，实现区域劳动力在产业间的迅速转移；森林资源丰裕区应有针对性的在政策、资金等方面给予区域内职业培训以扶持，努力形成社会各界对技能型人才高度重视、注重培养、合理使用的良好氛围。

（2）提高物质资本的利用效率

尽管物质资本可以促进区域经济增长,但综合考虑各生产要素及不同区域内物质资本的差异化作用可知,由于存在边际报酬递减规律,物质资本对经济增长的作用不及人力资本等其他生产要素;不仅如此,物质资本在森林资源丰裕区内的投入力度相对较高,但其对经济增长的促进作用却远不及森林资源不丰裕区。综上可知,转变区域经济增长方式,提升物质资本的利用效率是森林资源丰裕区亟待解决的问题。首先,对物质资本有选择地进行行业分配,对高消耗、粗放式产业缩减物质资本的投入力度,对相同行业内避免重复投资,避免造成资源浪费;同时加大对基础设施及高新技术产业的投入,延长物质资本对经济增长的递增时间。其次,深化物质资本与其他生产要素间的相互作用,实现物质资本投入要与人力资本、科技创新、社会资本之间的合理配置,降低因增加物质资本带来的边际报酬递减效应。再次,从检验结果可以知道,森林资源丰裕区内整体经济存量与森林资源不丰裕区之间存在显著差距,区域经济存量的差异很大程度上造成了区域相对贫困的差别,而吸引非本区域物质资本投资是增加区域经济存量的重要措施,因此,森林资源丰裕区要加大引进非本区域的物质投资,充分发挥物质资本的基础性作用,提升区域经济存量。

（3）降低科技投入的浪费,加快科技成果的效益转化

在实证检验中,科技投入对森林资源丰裕区经济增长的促进作用并不明显,在综合考虑经济增长与收入分配之间内生关系的情况下,科技投入对森林资源丰裕区经济增长的作用甚至为负,并能在一定程度上拉大区域相对贫困,这种现象主要是由于科技成果转化资金投入不足、投入方式不合理,科技成果转化供需双方难以对接,科技成果转化链条不畅、市场实现困难等原因造成的(张俊芳,2010)。实现科技创新对区域经济增长的带动,进而减缓区域相对贫困,不仅要重视科研创新的研发阶段,更要对科技成果进入市场的中间环节进行关注。科技成果转化是一项系统工程,其核心链条包括科技成果的研究开发、工业设计、生产以及实现产品的商业化等环节,围绕这一链条又应具备多主体(政府、科研院校、企业、金融机构、科技中介)的协同合作以及多层面(资金运作、技术研发、人才招聘及培训、市场开发、中介服务等)的统筹管理。因此,促进科技成果转化需要兼顾各方面的影响,协调发展。实现科技成果转化需要解决以下几个方面的问题:首先,增强科技成果转化的法制建设,正确定位政府功能,利用法制建设明确科技成果知识产权的归属问题,以防止非研发个体对科技创新这一准公共品的搭便车行为,同时,产权归属的确定可以激励研发单位实施科技创新行为的积极性;这一措施可以借鉴欧美发达国家的做法,如美国在1980年颁布了《拜杜法案》等一系列相关法规,加快了科技成果的转化,为美国创造了巨大的经济效益和社会效益(黄传慧,2011),从中可知,在法律体制尚不健全的情况下,政府要明确自身的功能,设定区域内科技成果转化的战略目标,加大对基础性技术供给的支持,改善技术源头单一化、外部化的问题。其次,提升科技资源的利用效率,通过引入无偿资助、贴息贷款、偿还性资助、创业投资等多种创新方式,实现金融资本和其他社会资金与科技创新的快速融合;不仅如此,还应加大科技成果转化中间环节的资源配置,增加对科技转化各主体的吸引,提高科技成果转化质量。再次,完善科技中介服务体系建设,理顺科技成果转化链条;科技成果的转化需要建立科技成果鉴定、评

估、定价及监管等一系列中介服务机构,来加快科技成果的市场化运作,同时,科技金融投融资服务平台以及科技成果信息平台的建立也能进一步加快科技资源及信息的传递,降低科技资源在投融资过程中的搜寻成本。

(4)健全金融服务体系,提升金融系统的扶贫效应,增加相对贫困者的融资渠道

从前面章节的验证中可以发现,森林资源丰裕区的储蓄率可以正向促进区域经济增长进而缓解相对贫困。金融体系是金融机构及其活动所构成的有机整体,是区域相对贫困者投融资的重要支撑系统。金融体系的发展可以通过直接和间接两种途径来缓解区域相对贫困,直接作用主要体现在两个方面。一是金融部门可以为相对贫困者提供信贷服务,增加相对贫困者的投融资能力,也可以间接提高其教育和健康水平,从而促使其摆脱相对贫困;二是金融部门可以向相对贫困者提供储蓄服务,通过帮助相对贫困者积累资金,平滑其阶段性消费来抵御收入不稳定带来的风险(丁志国,2011)。金融体系的发展可以通过推动经济增长来间接减少相对贫困,这种作用体现在以下两个方面,一是金融增长带来的经济增长可以带来更多的就业机会,增加相对贫困者就业概率,改善其相对贫困状况;二是金融体系发展可以促进经济增长,进而带来的区域税收增加,可以提升政府转移支付能力,从而达到减贫效果。

健全区域金融体系应从以下几个方面着手:首先,合理定位金融机构的角色,避免结构性金融服务差异。尤其是农村金融的角色定位,现阶段农村金融的角色已经不再是为城市经济输送农村剩余资源,而要为农村经济发展提供必要的资金保障,解决区域性相对贫困者资金短缺的问题。因此要大力发展村镇银行、小型贷款公司和农村资金互助社等创新型农村金融机构,通过这些新型金融机构弥补金融市场的资金缺口,同时引入更多的市场竞争来提升金融机构的服务功能。其次,制定适当政策引导金融服务,提升金融服务效率。金融发展的关键并不是扩大规模而是提升效率,在区域金融政策的选择上,必须做到有的放矢,利用合理的政策手段引导金融机构提升贷存比例,坚决避免资金结构性外流和区域性外流,充分发挥金融的核心作用(丁志国,2012),尤其要重视对区域内优质高效农业产业的扶持,通过产业效率提升降低金融机构向外部输送现金流的动机和倾向,实现区域内金融资本规模效应。再次,针对相对贫困者提供政策和财税扶持,降低存贷门槛,减少因交易成本而产生的损失。最后,引入更多的法律法规如金融资产的有偿转让、信贷合同担保保险、农业信贷税收减免等来切实保障金融机构的合理权益,稳定其服务水平,提升相对贫困者的信心。

(5)加强区域道路建设,改善公共基础设施

道路密度与区域经济增长呈现正相关关系,可以通过经济增长的途径缓解区域相对贫困,通过比较森林资源丰裕区及森林资源不丰裕区内部道路密度差异,可以发现,森林资源丰裕区内道路密度显著小于森林资源不丰裕,这种差别会通过以下两个途径影响区域经济的发展进而加重区域相对贫困,一是可能加剧区域内居民的生产生活成本;由于道路建设的滞后,区域内居民尤其是农村居民的市场可达性减弱,增加了农村居民参与市场交换的成本,同时,道路交通建设的落后会造成市场信息的不畅,在这种情况下,相对贫困者参与市场进行交换和就业选择的障碍就会增加,进而难以缓解相对贫困。二是阻碍了区域经济发展的涓滴效应实现,由于交通不便,区域经济发展的成果难以进行有

效传递,会造成局部技术、信息的严重滞后,同时也增加了外来投资参与区域发展的难度,从而加重相对贫困程度和延长相对贫困的时间。缓解区域相对贫困,森林资源丰裕区要进一步加强区域道路建设,改善公共基础设施,以减少区域内居民的生产生活成本,增加市场信息的流动,同时这一措施也可以更多的吸引外来资本参与本区域经济建设。

8.2.2.3 合理定位森林资源的角色,降低对森林资源的依赖

在森林资源丰裕区内,森林资源丰裕度指数是森林资源不丰裕该指数的 6.8 倍,从前文的检验中可知,森林资源丰裕度可以通过经济增长以及收入分配两条途径加剧区域相对贫困,其对区域相对贫困可以在 40％的程度上进行解释,缓解森林资源丰裕区相对贫困,对森林资源合理定位非常重要。结合森林资源在区域经济增长和收入分配中所起的作用以及林业产业边际收益可知,在缓解区域相对贫困的过程中应该重点发挥其生态功能作用,而尽量减少其在经济产业中所发挥的作用。

首先,森林资源可以改善地貌并通过减少灾害的发生而提升区域公共设施状况,从而吸引物质资本投资和具有企业家创新才能的人才进入,因此,应依托六大林业重点工程,加强森林资源的保护,充分发挥其生态功能,使森林资源成为改善区域生态环境,提升公共设施服务的重要举措。其次,应将森林资源定位于经济生产中的辅助产业,降低森林资源丰裕区对森林资源的依赖。因为林业产业存在规模报酬呈现递减,林业资金投入产出效率低等问题,并且受制于自然因素的影响,提升林业产业生产效率十分困难(田杰,2012),与其他产业相比,在森林资源产业并不具备竞争优势,所以尽管森林资源丰裕区具有森林资源的比较优势,但仍不能将森林资源作为区域经济发展的主要动力,当然这一说法并不是说森林资源在缓解相对贫困的过程中毫无作用,因为森林资源是低收入林农的天然储蓄手段,可以作为缓解区域绝对贫困的一种保障措施。再次,尽管森林资源会加剧相对贫困,但是在长期的经济发展中,森林资源仍然是区域经济发展的重要生产要素,在林业改革全面开展的过程中,应重点调整森林资源丰裕区林业税费及木材价格剪刀差等问题,避免因垄断利益的存在而产生巨大的转轨成本,同时,这一措施也可以优化森林资源的收益分配结构,使林农这一相对低收入群体更大程度地享受森林资源的收益。

8.2.3 森林资源不丰裕区缓解相对贫困的主要措施

森林资源不丰裕区内各生产要素通过区域经济增长、收入分配产生对相对贫困的传导机制与森林资源丰裕区存在着差异,结合森林资源不丰裕区相对贫困的传导机制分析,我们将缓解森林资源不丰裕区相对贫困的措施总结如下:

8.2.3.1 收入分配要素层面的调整

(1)增加财政结构中社会保障的支出比例,提升教育卫生支出的使用效率

在森林资源不丰裕区内,有利于相对贫困者的财政支出效率依然不高,并未起到有效缓解相对贫困的作用。与森林资源丰裕区不同的是,财政支出结构中社会保障支出可以降低相对贫困,然而教育卫生的支出却在一定程度上加大了相对贫困。这种状况说明在森林资源不丰裕区内,社会保障支出体系可以起到缓解区域相对贫困的作用,应该在

现有的基础上进一步提高社会保障支出比例,以便在更大范围和更强的深度上降低相对贫困。而教育卫生支出的无效说明了教育卫生支出并没有为森林资源不丰裕区相对贫困群体所利用,反而出现了向非贫困者倾斜的现象,从而加大了相对贫困。

缓解相对贫困,在财政支出结构中应重点对教育及卫生的支出做出调整。从教育层面来看,首先应放宽区域教育门槛限制,降低基础教育的收费标准,提高相对贫困者受教育的帮扶程度,采用奖助学金和学费减免的方式为相对贫困家庭子女提供更多的接受教育的机会;其次,将教育支出更多的划分到区域内相对贫困集中地区,远离城市的边远山区,提高教育的普及程度;再次,加强教育财政支出的监管力度,避免这一支出的浪费和挪用现象。在医疗卫生支出上也需要从以下层面做出调整:首先,医疗卫生支出结构应发生改变,医疗财政支出的制定要以结构调整为主,突破总量的约束,以财政支出为主体引导资源在医疗行业的配置;这种结构转变主要体现在两个方面:一是财政补助对象要由对医疗机构等主体(供给方)的补助转向补助医疗患者等为主的需求方;二是医疗卫生的财政投入应向乡、村两级卫生设施建设倾斜,减少对大城市及大医院的支持,提升相对贫困者看病就医的便利性,减少非医疗性成本的支出。其次,对医疗卫生的支出方式应作出改变,应降低财政拨款形式在总支出中所占的比例,增加其他样式的政府购买。如对低收入群体的直接医疗保险补贴,或者建立政策制度的调整,对那些可以为低收入群体提供保险业务的保险机构进行税收优惠,免税等。再次,区域应建立包括相对贫困指标在内的卫生支出评估体系,提高医疗卫生资源配置效率,也即在明确医疗卫生支出目标的基础上,建立财政卫生支出的测评体制,对每年的医疗卫生支出进行绩效评价,进一步提升医疗财政支出的扶贫效应。

(2)积极缩小产业内收入差距

在森林资源不丰裕区内,产业结构的升级和优化并不能缓解区域相对贫困,产业内的收入分配差距成了拉大区域相对贫困的重要原因。降低产业内的收入差距应从以下几个方面入手:首先,加强产业内企业的监管,鼓励竞争,抑制产业内寡头企业的垄断利润,加大对垄断企业的处罚,优化产业内利益分配格局;其次,应完善税收政策,确立以个人所得税为主,以财产税为辅,其他税种如交易所得税、存款利息税等为补充的个人收入税收体系,施行阶梯型税率,通过税收的调节实现区域财富的再分配;同时,要加大遗产税的征收力度,避免相对贫困在代际之间的传递。

(3)弱化对外开放对收入分配的影响

与森林资源丰裕区类似,对外开放的实施对加大森林资源不丰裕区的收入分配差距也具有显著的促进作用,这种作用主要是因为外商直接投资对劳动力类型的选择所造成的(王少瑾,2007),外商投资会造成资本和技术密集型产品大量进入,使区域的劳动力选择转向技能型,从而加大劳动力之间的收入差距;除此之外,外商投资更偏向于边际收益更高的二、三产业,直接影响产业间劳动力要素的收入差距。改善区域对外开放对收入分配的影响需采取以下措施:首先,正确引导外商投资在产业间的合理配置,利用降低税收等优惠政策,增加第一产业的边际收益,吸引外商投资向第一产业倾斜;其次,缩短区域内知识产权的使用年限,加速外资企业的技术扩散,逐步将对外开放对劳动力技术的选择转化为对劳动力技术的培训。

8.2.3.2 经济增长要素层面的转变

(1)调整传统经济增长要素价格而非数量配置来缓解相对贫困

与森林资源丰裕区不同,尽管传统经济增长要素可以提升经济增长率,但是其对区域收入分配的影响更大,难以缓解相对贫困。具体来看,物质资本和人力资本尽管可以显著促进区域经济增长,但是这种经济增长模式下反而带来了更为严重的收入差距,在一定程度上加剧了区域相对贫困;而如科技创新、储蓄率、政府干预能力等虽然可以在整体上缓解相对贫困,但却因其低效率而产生对经济增长的阻碍。因此,改变传统经济增长要素在区域经济增长中的数量配置难以显著降低区域相对贫困。

从相对贫困的定义可知,相对贫困是社会财富分配不平等所造成的不同群体间的收入差异,区域相对贫困与初始财富分配及再分配直接相关。在财富分配的初始环节,要素价格是决定性因素,因要素种类或地区差异而形成的价格差距是造成初始财富分配不均的重要原因。假设区域市场属于完全竞争,所有成员均为价格的接受者,其所拥有要素数量、质量及市场要素价格决定了其相对收入,在这种情况下,越稀缺的要素其相价格越高,稀缺要素的拥有者将在社会初始收入分配中占据优势;除此之外,假定所有个体拥有要素数量相同,此时,要素质量决定了其财富分配比例,在价格影响财富分配的市场条件下,高质量要素其价格也即边际报酬相对较高,不同群体所拥有要素质量的程度差别也造成了区域相对贫困。然而在现实中,完全竞争市场的假设是过于理想化的,要素的价格不仅受市场的影响,其他因素的存在也会对其产生干扰。例如市场的参与程度及要素在不同产业生命周期下的时间效应都会造成要素价格差异,在市场需求既定的情况下,生产要素往往存在剩余,不同的市场参与度以及市场参与的时间不同,都会造成不同要素的价格差异,从而对要素的拥有者产生不同的收入,造成相对贫困。调整区域内要素价格要从以下几个方面入手:首先,要努力创造一个近似完全竞争的要素市场环境,不因信息的不对称及垄断竞争的存在而造成不同群体的市场参与度不同;其次,引进非技术性企业参与区域经济建设,为不具有高质量生产要素的低收入群体提供更为广泛的收入来源;再次,通过加强低收入群体培训增加其要素质量,提高其在要素市场中的相对价格。

(2)通过财富再分配环节缓解相对贫困

社会财富再分配是在市场初始分配的基础上将财富在不同群体间进行的二次调整,通过这一措施可以直接提高相对贫困者的收入,从而显著降低区域相对贫困。区域财富再分配的手段主要有两个:一是税收体系下财富再分配;通过建立差别税率,提高征收遗产税等一系列税收来实现财富的重新分配,二是通过有利于低收入群体的财政支出来调节社会整体财富。在财富再分配的过程中,努力提升低收入群体的收入是关键,如在税收的实施中,核心问题并不是通过对高收入群体征税来降低其绝对收入,进而降低群体间收入差距,而是要重点关注税收资金的利用效率问题,要充分发挥税收对低收入群体的社会保障作用,通过财政支出,转移性支付等手段提升低收入群体的直接收入和获取收入的能力。

8.2.3.3 加大森林资源的经营范围,创造良好的生态环境

在森林资源不丰裕区内,森林资源丰裕度可以显著的缓解相对贫困。具体来看,森

林资源不丰裕区内森林资源的提升不仅可以带来经济增长还能显著降低区域收入分配差距从而带来相对贫困的下降。

在森林资源不丰裕区,森林资源并不具备比较优势,区域经济发展过程中森林资源也不是主要依赖的生产要素,森林资源更多起到了改善区域生态环境,提升区域公共设施服务水平的作用。自 1998 年之后,国家陆续实施了六大林业重点工程,在全国范围内进行生态环境的修复,森林资源不丰裕区在林业重点工程的参与中可以获得大量国家生态建设费用,而这种费用更偏向于在低收入群体间进行分配,进而改善了区域整体分配状况。不少学者也研究发现林业重点工程不仅起到了改善环境的作用外,还在一定程度上起到了扶贫效果(刘璨,2006)。除此之外,生态修复在森林资源不丰裕区内的实施,也为区域内低收入群体提供了大量的就业机会,进一步缩小区域内收入分配差距。综上可知,正是因为森林资源对收入分配的改善降低了区域相对贫困。

目前,森林资源不丰裕区森林资源丰裕度仅为森林资源丰裕区的 14.64%,二者在森林资源数量及质量上都存在显著的差别。因此,森林资源不丰裕区要依托六大林业重点工程的实施,加大植树造林范围,增强森林资源的培育和经营管理,通过森林资源的改善进一步提高区域生态环境质量;除此之外,应充分利用林业建设资金和林业建设项目,为相对贫困者提供更多参与林业建设的机会,提升相对贫困者的收入,进一步缓解区域相对贫困。

8.3　研究局限和进一步研究方向

尽管文章对不同森林资源丰裕区相对贫困传导路径进行了实证分析和探索,但限于能力问题,文章仍存在以下不足:

首先,文章对相对贫困的理论解释力度不够。由于经济增长及收入分配影响因素的多样化和复杂化,使得相对贫困的传导极为繁杂,难以从理论上对相对贫困的发生进行描述。尽管相对贫困可以在经济增长和收入分配两个层面进行分解和初步解释,但对经济增长及收入分配的影响因素是多种多样的,不同的生产要素对相对贫困的影响方向并不相同,各要素通过经济增长及收入分配对相对贫困的传导原因是复杂的,对各要素配置的不同传导路径的理论性探索仍需要进一步解释和总结。

其次,本文所选数据为我国历年省域统计数据,研究范围相对较大,区域内部存在很大的异质性,尽管省区的面板数据可以进行不同森林资源丰裕区相对贫困问题的探索,但相信利用更小范围如县市级的数据可以更好地对相对贫困进行解释和说明,这可以作为进一步研究的方向。

再次,区域相对贫困状况并不总是会对区域经济发展产生不良影响,相对贫困的产生很大程度上说明了区域内居民的收入差距较大,而适当的差距可以增加区域经济的活力,过大的差距才会带来经济发展的负面影响。可以预测,相对贫困可能存在一个影响阈值,不同程度的相对贫困可能对区域经济发展的影响不同。本书在对相对贫困传导路径分析的过程中并未对相对贫困与区域发展之间进行双向的分析,研究相对贫困对区域经济发展的影响也是下一步需要继续研究的方向。

参考文献

[1] 白毅鸿. 区域经济发展理论与中国西部大开发战略研究[D]. 北京:首都经济贸易大学,2002.

[2] 蔡荣鑫. 国外贫困理论发展述评[J]. 经济学家,2000(2):85—90.

[3] 陈立中. 转型时期我国多维度贫困测算及其分解[J]. 经济评论,2008(5):5—10.

[4] 陈仲常,谢波,丁从明. 体制双轨制视角下的"中国式资源诅咒"研究[J]. 科研管理,2012(8):153—160.

[5] 陈书. "增长性贫困"与收入分配差异研究[D]. 重庆:重庆大学,2012.

[6] 茶洪旺. 区域经济理论新探与中国西部大开发[D]. 武汉:华中科技大学,2003.

[7] 戴芳. 解析我国的林权结构类型[J]. 贵州农业科学,2013(2):148—150.

[8] 丁文广,陈发虎,南忠仁. 甘肃省森林资源禀赋与贫困关系的量化研究[J]. 干旱区资源与环境,2006(6):152—155.

[9] 丁文广,雷青,于娟. 甘肃省耕地资源禀赋与贫困关系的量化研究[J]. 经济地理,2006(4):636—638.

[10] 丁菊红,王永钦,邓可斌. 中国经济发展存在"资源之咒"吗[J]. 世界经济,2007(9):38—46.

[11] 段利民. 资源诅咒与区域经济增长研究[D]. 陕西:西北大学,2009.

[12] 方颖,纪衍,赵杨. 中国是否存在"资源诅咒"[J]. 世界经济,2011(4):144—160.

[13] 冯利华. 资源丰度的模糊综合评判[J]. 经济地理,1999(4):9—11.

[14] 冯菁,程堂仁,夏自谦. 森林覆盖率较高地区经济落后现象研究[J]. 西北林学院学报,2008(1):224—228.

[15] 樊纲,王小鲁,张立文,朱恒鹏. 中国各地区市场化相对进程报告[J]. 经济研究,2003(3):9—19.

[16] 高艳云. 中国城乡多维贫困的测度及比较[J]. 统计研究,2012(11):61—66.

[17] 郭建宇,吴国宝. 基于不同指标及权重选择的多维贫困测量—以山西省贫困县为例[J]. 中国农村经济,2012(2):12—20.

[18] 关越. 资源诅咒、经济转型与政府职能转变[J]. 经济经纬,2013(1):77—81.

[19] 郭熙保. 论贫困概念的内涵[J]. 山东社会科学,2005(12):49—54.

[20] 谷振斌. 中国森林资源变动与经济增长关系研究[D]. 北京:北京林业大学,2007.

[21] 顾雯. 经济增长中的政府功效与区域贫困化研究—基于中国 1038 个县(县域市)统计数据的实证分析[D]. 江苏:南京财经大学,2010.

[22] 侯卉,王娜,王丹青. 中国城镇多维贫困的测度[J]. 城市发展研究,2012(12):123—128.

[23] 何江,张馨之. 中国区域经济增长及其收敛性:空间面板数据分析[J]. 南方经济,2006(5):44—51.

[24] 胡援成,肖德勇. 经济发展门槛与自然资源诅咒——基于我国省际层面的面板数据实证研究[J]. 管理世界,2007(4):15—23.

[25] 黄荟. 阿玛蒂亚. 森的贫困概念解析—以他的自由发展观为视域[J]. 江汉论坛,2010(1):141—144.

[26] 胡兵,胡宝娣,赖景生. 经济增长、收入分配对农村贫困变动的影响[J]. 财经研究,2005(8):89—99.

[27] 洪兴建. 贫困指数理论研究述评[J]. 经济评论,2005(5):112—117.

[28] 何雄浪,郑长德,杨霞. 空间相关性与我国区域经济增长动态收敛的理论与实证分析——基于 1953—2010 年面板数据的经验证据[J]. 2013(7):82—95.

[29] 韩健. 我国西部地区经济增长是否存在"资源诅咒"的实证研究——基于索罗模型的分析[J]. 探索,2013(5):90—95.

[30] 蒋翠侠,许启发,李亚琴. 中国家庭多维贫困的统计测度[J]. 统计与决策,2011(22):92—95.

[31] 姜雪梅,徐晋涛. 国有林区森林资源变化趋势及影响因素分析[J]. 林业经济,2007(4):23—28.

[32] 景普秋. 资源诅咒:研究进展及其前瞻[J]. 当代财经,2010(11):120—127.

[33] 李秀娟. 西部地区农村长期性贫困成因及对策[J]. 农业经济问题,2009(4):33—37.

[34] 李婧,谭清美,白俊红. 中国区域创新生产的空间计量分析——基于静态与动态空间面板模型的实证研究[J]. 管理世界,2010(7):43—55.

[35] 李刚,顾雯. 经济增长中的政府功效和区域贫困化问题研究——基于中国 1038 各县(县级市)统计数据的实证分析[J]. 南京财经大学学报,2010(2):1—8.

[36] 李周,王宏伟,郑宇. 森林丰富地区的贫困问题研究[J]. 林业经济,2000(4)1—7.

[37] 李周. 森林资源丰富地区的贫困问题研究[M]. 北京:中国社会科学出版社,2004.

[38] 李强,徐康宁. 资源生产、资源消费与经济增长:理论与实证——来自跨国面板数据的证据[J]. 世界经济研究,2013(12):72—77.

[39] 李小云,于乐荣,齐顾波. 2000—2008 年中国经济增长对贫困减少的作用:一个全国和分区域的实证研究[J]. 中国农村经济,2010(4):4—11.

［40］李胜文,闫俊强.农村基础设施及其空间溢出效应对农村经济增长的影响［J］.华中农业大学学报(社会科学版),2011(4):10—14.

［41］刘璨,刘浩.林业重点工程与消除贫困问题研究进展［J］.林业经济,2012(1):73—76.

［42］刘璨,林海燕.林业重点工程对农民收入流动的影响研究［J］.中国软科学,2011(1):34—46.

［43］刘璨.金寨县样本农户效率与消除贫困分析——数据包络分析(DEA)方法［J］.数量经济技术经济研究,2003,(12):102—106.

［44］刘璨,吕金芝.中国森林资源环境库兹涅茨曲线问题研究［J］.制度经济学研究,2010(2):138—160.

［45］梁欣然.区域资源禀赋与经济发展差异的相关性研究［J］.经济问题探索,2007(10):93—96.

［46］李栋华,王霄.中国省际经济发展的"资源诅咒"——基于Malmquist和面板数据的分析［J］.暨南学报(哲学社会科学版),2010(1):84—89.

［47］刘红梅,李国军,王克强.中国农业虚拟水"资源诅咒"效应检验:基于省际面板数据的实证研究［J］.管理世界,2009(9):69—79.

［48］刘欣.马丁法在我国农村贫困标准研究中的应用［J］.沈阳大学学报哲学社会科学版,1996,30(4):24—26.

［49］吕炜,刘畅.中国农村公共投资、社会性支出与贫困问题研究［J］.财贸经济,2008(5):61—71.

［50］刘宗飞,姚顺波,渠美.吴起农户相对贫困的动态演化:1998—2011［J］.中国人口资源与环境,2013(3):56—62.

［51］刘慧媛.能源、环境与区域经济增长研究［J］.上海:上海交通大学,2013.

［52］李永友,沈坤荣.财政支出结构、相对贫困与经济增长［J］.管理世界,2007(11):14—26.

［53］刘璟,吴二娇.金融与经济增长的实证研究——以广东省为例［J］.生产力研究,2010(2):65—67.

［54］鲁晓东.收入分配、有效要素禀赋与贸易开放度——基于中国省级面板数据的研究［J］.数量经济技术经济研究,2008(4):53—64.

［55］曲玮,涂勤,牛叔文,胡苗.自然地理环境的贫困效应检验——自然地理条件对农村贫困影响的实证分析［J］.中国农村经济,2012,(2):21—34.

［56］仇娟东.中国区域经济增长效率集聚与地区差距研究——基于空间经济学视角的实证分析［J］.陕西:西北大学,2013.

［57］邵帅,齐中英.西部地区的能源开发与经济增长——基于"资源诅咒"假说的实证分析［J］.经济研究,2008(4):147—160.

［58］邵帅,杨莉莉.自然资源丰裕、资源产业依赖与中国区域经济增长［J］.管理世界,2010(9):26—44.

［59］邵帅,范美婷,杨莉莉.资源产业依赖如何影响经济发展效率——有条件资源

诅咒假说的检验及解释[J].管理世界,2013(2):32—63.

[60] 邵薇娜.中国产业结构升级对城镇居民贫困程度影响的实证分析[D].上海:上海师范大学,2012.

[61] 孙永平,叶初升.资源依赖、地理区位与城市经济增长[J].当代经济科学,2011(1):114—128.

[62] 史兴民,曹仲波.陕西省耕地资源禀赋与贫困关系量化研究[J].干旱区资源与环境,2010(3):1—5.

[63] 石盛林.基于两部门生产函数模型的县域金融与经济增长互动关系研究[J].贵州社会科学,2011(2):66—71.

[64] 沈扬扬.收入增长与不平等对农村贫困的影响——基于不同经济活动类型农户的研究[J].南开经济研究,2012(2):131—150.

[65] 孙大超,司明.自然资源丰裕度与中国区域经济增长——对"资源诅咒"假说的质疑[J].中南财经政法大学学报,2012(1):84—89.

[66] 石春娜,王立群.森林资源环境经验验证库兹涅茨曲线[J].统计与决策,2007(1):30—31.

[67] 舒胜兰,柯善咨.中国地区经济增长的"资源诅咒"效应[D].湖南大学,2008.

[68] 田杰,姚顺波.中国林业生产的技术效率测算与分析[J].中国人口资源与环境,2013(11):66—72.

[69] 王小林,Sabina Alkire.中国多维贫困测量:估计和政策含义[J].中国农村经济,2009(12):4—10.

[70] 王朝明,姚毅.中国城乡贫困动态演化的实证研究:1990~2005年[J].数量经济技术经济研究,2010.

[71] 王文静.人力资本对区域经济增长的作用及收敛性研究[D].吉林:东北师范大学,2013.

[72] 吴睿.我国农村贫困测度动态指标体系的构建[J].安徽农业科学,2008,36,(32):14311—14315.

[73] 王倩.农村金融、财政支农和农村经济增长的协整分析:1978—2007[J].吉林大学社会科学学报,2010(3):138—145.

[74] 王佃凯.比较优势陷阱与中国贸易战略选择[J].经济评论,2002(2):28—31.

[75] 王世进.我国区域经济增长与"资源诅咒"的实证研究[J].统计与决策,2014(2):116—118.

[76] 王云."资源诅咒"的实证分析及破解[J].经济问题,2008(1):42—43.

[77] 吴清华.当代中外贫困理论比较研究[J].人口与经济,2004(1):74—79.

[78] 文秋良.经济增长与缓解贫困:趋势、差异与作用[J].农业技术经济,2006(3):8—13.

[79] 万广华,张茵.收入增长与不平等对我国贫困的影响[J].经济研究,2006(6):112—123.

[80] 伍艳.中国农村金融发展的减贫效应研究——基于全国和分区域的分析[J].

西南民族大学学报,2012(7):109—113.

[81] 徐康宁,韩剑. 中国区域经济的"资源诅咒"效应:地区差距的另一种解释[J]. 经济学家,2005(6):96—102.

[82] 徐晋涛,于英,谢辰,李昌刚,陈宝林,寇磊. 天然林资源保护工程对集体林及社区经济发展的影响[J]. 林业经济,2003(6):28—32.

[83] 徐康宁,韩剑. 中国区域经济的"资源诅咒"效用:地区差距的另一种解释[J]. 经济学家,2005(6):96—102.

[84] 徐康宁,王剑. 自然资源丰裕程度与经济发展水平关系的研究[J]. 经济研究,2006(1):78—89.

[85] 宣春燕,余晶,刘永在,陈丽丽. 自然资源禀赋与城乡收入差距研究——以内蒙古为例[J]. 内蒙古大学学报,2011(6):43—48.

[86] 谢晨,李周,张晓辉. 森林资源禀赋、改革路径选择与我国农村林业发展[J]. 林业经济,2007(1):45—52.

[87] 谢红霞,任志远. 陕西省20a相对资源承载力时空动态分析[J]. 干旱区研究,2005(1):130—133.

[88] 谢屹,温亚利,陈建成. 我国林权交易市场的现状与展望[J]. 林业经济,2012(9):3—7.

[89] 谢波. 中国区域资源诅咒问题的研究——基于双轨制体制、人力资本异质与技术创新视角[D]. 重庆:重庆大学,2012.

[90] 谢金鹏. 经济增长、收入分配与中国农村贫困问题[D]. 陕西:西北大学,2008.

[91] 许广月. 耕地资源与经济的增长关系:基于中国省级面板数据的实证分析[J]. 中国农村经济,2009(10):21—30.

[92] 袁嫣. 贸易自由化影响农村贫困的路径与特征[J]. 生产力研究,2012(4):36—40.

[93] 杨国涛,尚永娟,张会萍. 中国农村贫困标准的估计及其讨论[J]. 农村经济,2010,(11):10—13.

[94] 姚毅. 城乡贫困动态演化的实证研究——基于家庭微观面板数据的解读[J]. 财经科学,2012(5):99—108.

[95] 杨颖. 经济增长、收入分配与贫困:21世纪中国农村反贫困的新挑战——基于2002—2007年面板数据的分析[J]. 农业技术经济,2010(8):12—18.

[96] 张菲菲,刘刚,沈镭. 中国区域经济与资源丰度相关性研究[J]. 中国人口资源与环境,2007(4):19—24.

[97] 郑志龙. 社会资本与政府反贫困治理策略[J]. 中国人民大学学报,2012(6):58—65.

[98] 周长城,陈云. 贫困:一种社会资本视野的解释[J]. 学海,2003(2):110—114.

[99] 周怡. 贫困研究:结构解释与文化解释的对垒[J]. 社会学研究,2002(3):49—63.

[100] 张晓静,刘小强. 天然林资源保护工程对林区贫困影响的综述[J]. 中州大学

学报,2009(26)5:18—22.

[101] 张力小,梁竞. 区域资源禀赋对资源利用效率影响研究[J]. 自然资源学报,2010(8):1237—1247.

[102] 赵新宇,李夏冰. 中国是否被资源所诅咒?——基于生态足迹模型和中省际面板数据的实证研究[J]. 吉林大学社会科学学报,2012(4):144—150.

[103] 赵悦林. 林权质押贷款的制度缺失与对策分析[J]. 学术前沿,2013(3):240—241.

[104] 赵伟伟. 相对资源诅咒理论及其中国的实证研究[D]. 陕西:西北大学,2010.

[105] 周亚雄. 基础设施、区域经济增长和区域差距的关系研究——基于新经济地理学的视角[D]. 天津:南开大学,2013.

[106] 张亮. 区域经济增长与金融支撑能力的实证研究——以吉林省为例[D]. 吉林:吉林大学,2013.

[107] 张林. 人力资本、物质资本对西部地区经济增长的贡献——基于1995—2010年西部地区数据的索洛模型检验[J]. 湖南社会科学,2012(3):132—135.

[108] 邹薇,方迎风. 中国农村区域性贫困陷阱研究——基于"群体效应"的视角[J]. 经济学动态,2012(6):3—15.

[109] 张贡生,李伯德. 驳资源诅咒论[J]. 经济问题,2010(3):19—23.

[110] 张景华. 经济增长中的自然资源效应研究[D]. 四川:西南财经大学,2008.

[111] 张复明. 资源型经济:理论解释、内在机制与应用研究[D]. 山西:山西大学,2007.

[112] Anne M. Larson, Jesse C. Ribot. The poverty of forestry policy:double standards on an uneven playing field[J]. Policy sciences for sutainable development,2007(2):189—204.

[113] Auty, R. M. Sustaining Development in Mineral Economics:the Resource Curse Thesis[M]. London:Routledge,1993.

[114] Abulo,Muys,Nega. Household livelihood strategies and forest dependence in the highlands of Tigray, Northern Ethiopia[J]. Agricultural Systems, 2008(98):147—155.

[115] Anselin L. Spatial Economitrics:Methods and Models[M]. Kluwer Achdemic Publishers,Dordrecht,1988.

[116] Babulo,Muys,Nega. Household livelihood strategies and forest dependence in the highlands of Tigray, Northern Ethiopia[J]. Agricultural Systems,2008(98):147—155.

[117] Bakhshi,P. ,Trani,J. F. Towards inclusion and equality in education? From assumptions to facts. Lyon,France:Handicap International. http://ochaonline. un. org/OCHALinkclick. aspx? link= ocha & docid= 1164057. Accessed May 5,2009.

[118] Birdsall,N. ,T. Pinckney and R. Sabot. Natural Resources,Human Capital,and Growth[C]. Resource Abundance and Economic Growth,R. M. Auty ed,Oxford U-

niversity Press,2001.

[119] Bennett,M. T. (2008). China's sloping landconversion program:Institutional innovation or business as usual? Ecological Economics,65,699—711.

[120] Cooke,Chris;Aadland,David and Roger,Coupal. Dose the Natural Resource Curse App ly to the United States? [J]. Unpublished Manuscrip t,Department ofAgricultural and App lied Economics at the University ofWyoming,2006.

[121] Collier P,Goderis B. Commodity Prices,Growth,and the Natural Resource Curse:Reconciling a Conundrum[R]. CSAE Working Paper,2007.

[122] Cuneyt Koyuncu,Rasim Yilmaz. Impact of private forestownership on defor-estation and poverty[J]. 2013(47):1657—1664.

[123] Cavendish, W. Empirical regularities in the poverty – environment relationship of rural households:Evidence from Zimbabwe[J]. World Development,2002 (11):1979—2003.

[124] Corden W. M. ,Neary J. R. . Booming Sector and De—industrialization in a Small Economy[J]. Economic Journal,1982,(368):825—848.

[125] Dasgupta P. An inquiry into well – being and destitution [M]. Oxford University Press,1993.

[126] Dovie, Witkowski, Shackleton. Monetary valuation of livelihoods forunderstanding the composition and complexity of rural households[J]. Agriculture and Human Values,2005(22):87—103.

[127] Devin L. Long,Craig D. Broadbent. Does the Natural Resource Curse Exist for Electricity Exports in African Nations? [J]. International Journal of Ecological Economics & Statistics,2014(32):1—13.

[128] Egert,Carol S. Leonard. Dutch Disease Scare in Kazakhstan:Is It Real? [J]. Open Econom ies Review,2008(2):1—25.

[129] Eugenio Figueroa,Enrique Calfucura. Sustainable development in a natural resource rich economy:the case of Chile in 1985 — 2004[J]. Environment Dev Sustain 2010(12):647—667.

[130] Fisher,M. Household welfare and forest dependence in Southern Malawi [J]. Environment and Development Economics,2004(2):135—154.

[131] Figueroa E,Calfucura E. Sustainabledevelopment in a natural resource rich e-conomy: the case of Chile in 1985 — 2004 [J]. Environment, development and sustainability,2010,(5):647—667.

[132] Gylfason, T. Natural Resources, Education and Economic Development [J]. European Economic Review,2001(45):847—859.

[133] Gylfason T,Herbertsson T. A Mixed Blessing:Natural Resources and Economic Growth[J]. Macroeconomic,Dynamics,1999.

[134] Hausenbuiller R L. Soil Science:Principles and Practices [M]. Dubuque,

lowa：Wm. C. Brown Publisher，1985.

[135] Innis A. H.. Essays in Canadian Economic History[M]. Toronto：University of Toronto Press. 1956.

[136] Jean – Francois Trani, Mario Biggeri, Vincenzo Mauro. The Multidimensionality of Child Poverty：Evidence from Afghanistan[J]. Soc Indic Res 2013(112)：391—416.

[137] Jose Manuel Roche. Monitoring Progress in Child Poverty Reduction：Methodological Insights and Illustration to the Case Study of Bangladesh[J]. Soc Indic Res2013(112)：363—390.

[138] Katsigris,E,Xu,J,White,A,Yang,X,Qian,W. Forests and income in China：Part 1. Washington,DC：Rights and Resources Initiative,2010.

[139] Kamanga P,Vedeld P. Forest incomes and rural livelihoods in Chiradzulu District,Malawi[J]. Ecological Economics,2009(68)：613—624.

[140] Liu,D,Xie,C,Liu,J,Peng,W,Yuan,M,& Huang,D. China's Conversion of Cropland to Forests Program：Development framework,economic impacts and future challenges. 55th Annual Australian Agricultural & Resource Economics Society Conference 2011,February 8—11,Melbourne.

[141] Li,Z. Research on poverty issues in areas rich in forest resources. Beijing：China Social Science Press(in Chinese),2004.

[142] Linda Rosengren. Planted Forest and Trees can Restore Landscapes and Alleviate Poverty[J]. World Forests,2012(16)：443—463.

[143] Lucas J. R.. On the Mechanics of Economic Development[J]. Journal of Monetary Economics,1988(1)：3—42.

[144] Lane,Tornell. Power,Growth,and the voracity effect[J]. Economic Growth,1996(1)：213—241.

[145] Leite, Weidmann. Does Mother Nature Corrupt? Natural Resources and Economic Growth：Sachs and Warner Revisited. Central Bank of Chile Working Paper,2002.

[146] Lopez – Calva,L. F.,& Rodr guez—Chamussy,L. Muchos rostros,un solo espejo：Restricciones parala medicion multidimensional de la pobreza en Mexico. In M. Szekely(Ed.),Numeros que mueven almundo：La medicion de la pobreza en Mexico. Mexico City：Miguel A ngel Porrua,2005.

[147] Lopez – Calva,L. F.,& Ortiz—Juarez,E. Medicion multidimensional de la pobreza en Mexico：Significancia estad stica en la inclusion de dimensiones no monetarias. Estudios Economicos,special issue,2009.

[148] Mamo,G.,Sjaastad,E. Economic dependence on forest resources：A case from Dendi District,Ethiopia[J]. Forest Policy and Economics,2007(9)：916—927.

[149] McSweeney, K. Natural Insurance, Forest Access, and Compounded

Misfortune: Forest Resources in Smallholder Coping Strategies Before and After Hurricane Mitch, Northeastern Honduras [J]. World Development, 2005 (33): 1453—1471.

[150] Manzano O,Rigobon R.. Resource Curse or Debt Overhang? [G]. Stanford University Press and World Bank,2006.

[151] McSweeney,K. Who Is "Forest—Dependent"? Capturing Local Variation in Forest－Product Sale,Easter Honduras[J]. The Professional Geographer,2002,(54): 158—174.

[152] Matthias Busse • Steffen Gröning. The resource curse revisited:governance and natural resources[J]. Public Choice,2013(154):1—20.

[153] Murshed S M. Conflict, civil war and underdevelopment: an introduction [J]. Journal of Peace Research,2002(4):387—393.

[154] Murshed, S Mansoob. On Natural Resource Abundance and Underdevelopment[R]. World Development Report,2003.

[155] Nicholas J. Hogarth, Brian Belcher, Bruce Campbell, Natasha Stacey. The Role of Forest－Related Income in Household Economies and Rural Livelihoods in the Border－Region of Southern China[J]. World Development,2013:111—123.

[156] North D. C.. Location Theory and Regional Economic Growth[J]. Journal of Political Economy,1955(3):243—258.

[157] Pegg,Cott. Is There a Dutch Disease in Botswana? [J]. Resources Policy, 2010(1):14—19.

[158] Papyrakis E, Gerlagh R. The Resource Curse Hypothesis and Its Transmission Channels[J]. Journal of Comparative Economics,2004(32):181—193.

[159] Peluso NL. Rich forests,poor people:resource control and resistance in Java [M]. University of California Press,1992.

[160] Prebisch R.. The Economic Development of Latin America and its Principal Problems[M]. Lake Success,N. Y,United Nations,1950.

[161] Portes. Embeddedness and immigration:notes on the social determinants of economication[J]. American Journal of Sociology,1993(98):1320—1350.

[162] Patricia Uberhuaga,Carsten Smith Hall,Finn Helles. Forest income and dependency in lowland Bollivia[J]. Environ Dev Sustain,2012(14):3—23.

[163] Paesde Barros,R.,De Carvalho,M.,& Franco,S. (2006). Pobreza multidimensional no Brasil. Texto para discussao No. 1227. Brazil:IPEA. (3):3—14.

[164] Ruiz—Perez, M, Fu, M., Xie, J., Belcher, B., Zhong, M. G., & Xie, C. (1996). Policy change in China:the effects on the bamboo sector in Anji County. Journal of Forest Economics,2(2),149—176.

[165] Ribot JC. Theorizing access:forest profits along Senegal's charcoal commodity chain[J]. Dev Change,1998,29.

[166] Ross M. L. Does oil hinder democracy? [J]. World Politics, 2001(3): 325—361.

[167] Romer P. M. Increasing Returns and Long-run Growth[J]. Journal of Political Economy, 1986(5): 1002—1037.

[168] Rousseau, S. Capabilites, risques et vulnerabilities[J]. Pauvrete et developpementsocialement durable, 2001: 11—22.

[169] Sheona Shackleton, Claudio O. Delang, and Arild Angelsen. From Subsistence to Safety Nets and Cash Income: Exploring the Diverse Values of Non—timber Forest Products for Livelihoods and Poverty Alleviation[J]. Tropical Forestry, 2011: 55—81.

[170] Stein Holden, Samuel Benin, Bekele Shiferaw, John Pender. Tree Planting for Poverty Reduction in Less—favoured Areas of the Ethiopian Highlands[J]. Small—scale Forest Economics, Management and Policy, 2003(1): 63—80.

[171] Singer H. W. The Distribution of Gains between Investing and Borrowing Countries[J]. American Economic Review, 1950(2): 473—485.

[172] Sachs, J. D and A. W. Wamer. Nature Resource Abundance and Economic Growth[R]. National Bureau of Economic Research, 1995.

[173] Sigismond Ayodele Wilson. Diamond Exploitation in Sierra Leone 1930—2010: a Resource Curse? [J]. Geo Journal, 2013(78): 997—1012.

[174] UNDP: Human Development Report 1997, http://hdr. undp. org, 1997.

[175] World Bank(2009). From poor areas to poor people. China's evolving poverty reduction agenda: An assessment of poverty and inequality in China.

[176] Washington, DC: Poverty Reduction and Economic Management Department, World Bank.